# 無駄だらけの社会保障

日本経済新聞社編

日経プレミアシリーズ

# はじめに

腰や膝が少し痛いだけで湿布薬を処方してもらう。花粉症シーズンを迎えて抗アレルギー鼻炎薬をたくさん欲しいとお願いする――。私たちは軽い症状でも安易に病院に通い、医薬品を求めていないだろうか。診察する医師も本当に必要な分だけを処方しているのだろうか。過剰な治療と医薬品処方は公的医療保険の財政圧迫につながる。しかし、患者や医師にこうした問題意識は根付いていない。

治療や処方薬に患者本人が支払う代金は原則、総額の3割（70〜74歳は2割、75歳以上の後期高齢者は1割）で、残りを保険料や税金で賄っていることに思いがなかなか至らない。病院では収益を優先しなければ医療の質が保てないという理屈が持ち出される。多くの人が自らの懐具合だけを気にしている間に、日本の社会保障が抱える「病」は末期的な状態になっているのだ。

想像を絶する数値が山ほどある。まず「190兆円」。政府が示した医療や介護、年金など社会保障給付費の2040年度見通しだ。2018年度比で6割も増え、国内総生産（GDP）に占める比率は24％まで高まるという。かたや日本の政府債務残高（地方含む）は現在でもGDP比で230％を超し、社会保障費を賄うために借金を重ねる悪循環から抜け出せない。2025年までに団塊の世代が75歳以上の後期高齢者となり、2050年には総人口が1億人割れ寸前になるにもかかわらず高齢者比率はおよそ38％に達する。働き手は減り続け、高齢者を支えきれなくなる。

半世紀以上も前、日本は社会保障の「優等生」だった。国民皆保険・国民皆年金を実現したのは1961年。社会保険方式を骨格としつつ、保険料を出せない階層にも給付する画期的な制度をつくり上げた。高度成長期は社会保障が拡充され、老人医療費の無料化などを実現した1973年は「福祉元年」とも呼ばれた。

しかし、成長が鈍ると優等生ではいられなくなる。少子高齢化は想定以上に進み、バブル崩壊で経済は腰折れした。産業界では所得が不安定な非正規社員が急増。複数の世代が同居して支え合う標準家族モデルは過去のものとなり、単身世帯が増え続けている。

当然、負担と給付のバランスは崩れる。高齢者負担の一部復活や患者の自己負担割合の引き上げにカジをきる一方で、給付の伸びを抑制することに努めるようになった。しかし、その効果は極めて薄い。2000年に始まった介護保険制度も行き詰まっている。驚異的な経済成長と出生率上昇が見込めない以上、現状では負担を増やすか、給付を減らすかを考えなければならない差し迫った状況になっているのだ。

にもかかわらず、政治や行政の改革機運は盛り上がらない。政策の看板やメニューはコロコロと変わるが、その中身は従来の延長線にすぎない。一律の自己負担比率をどう引き上げるか、引き上げるにしてもどの階層で線引きするか、診療報酬の点数配分をどうするか、といった議論に結局とどまり、ゼロベースで制度のつくり直しを検討する気概はほとんど感じられない。おそらく関係者の既得権益が重層的に絡み合って、身動きがとれないのだろう。

政治や行政が前に動かないのは、国民一人ひとりの危機意識の濃淡と無関係ではないだろう。

各メディアの世論調査を見れば、多くの人が将来の社会保障に不安を抱いていることがわかる。しかし、より高度な検査や治療、たくさんの薬、充実した介護施設を求める一方で、負担の増加には背を向ける。痛みを伴う改革を忌避する意識が変わらない限りは国を挙げた抜本的な社会保障改革は望めない。

日本経済新聞は政府や自治体、企業が明らかにしていない、あるいは自らも認識していない重要な事実を掘り起こす調査報道に力を入れている。オープンになっている統計データや独自に入手したデータを新しい切り口で分析し、埋もれた事実を浮かび上がらせるデータジャーナリズムの手法を積極的に取り入れている。本書は編集局の部横断的な調査報道チームが中心になってまとめた。

社会保障分野は多くのメディアが取材に注力する「レッドオーシャン（赤い海）」だ。日本経済新聞も長年にわたって社会保障にかかわる記事や連載を数多く発信してきた。あえてこの海に飛び込んだのは、データの裏付けと綿密な独自取材による調査報道によって、読者に現状の厳しさをより深く認識してもらえるのではないかと考えたからだ。

医療・介護政策は「エビデンス（科学的根拠）」が乏しい、もしくはブラックボックスになっているとの指摘が多い。だからこそ私たちは医療・介護の無駄がどこに潜んでいるかを解き明かすことにこだわった。根拠が薄いがん検診が広がっていることや病院の過剰病床が減らない現状を示した。足りないといわれる高齢者施設で実際は空きが生じている矛盾も指摘した。いずれも辻つま合わせの対策では解決しない構造的な問題を抱えている。

本書は2018年11月から2020年3月にかけて、日本経済新聞や日経電子版に掲載した調査報道シリーズ「漂流する社会保障」の記事をベースに再構成した。紙面で紹介しきれなかったエピソードやデータを盛り込むなど、大幅に加筆・修正した。新型コロナウイルスの感染拡大で噴出している検査体制や専用病床の不足などの問題を踏まえた内容になっていないことをお断りしておく。ただし、社会保険の構造問題はコロナ危機の前後でなんら変わりはないだろう。なお登場する人物の肩書などは原則、取材時のままとした。

先進的な治療方法や医薬品、充実した介護サービスは多くの患者の命を救い、高齢者の生活を助ける。本当に困っている人を支えるために私たちは何をなすべきなのか。公的サービスである「公助」の領域を再定義し、一人ひとりが責任を持つ「自助」とお互いに手を差し伸べる「共助」の領域をできる限り広げていく。財政破綻を避けるには世代や立場を超えた痛みの分担が欠かせないのだ。

本書を社会保障のあるべき姿を探り、自らのことと国の将来を結びつけて議論するきっかけとしていただければ幸いである。

2020年4月

日本経済新聞社

目次

## 第2章 つくられる入院患者 69

## 第5章

# 第1章

# そのクスリ、本当に必要ですか？

# 1 湿布、鼻炎薬……市販品あるのに病院処方で5000億円

## 通院目的はアンチエイジング

２０２０年2月上旬、ＪＲ錦糸町駅（東京・墨田）前のビルに入る薬局は多くの高齢者や子供連れであふれていた。

「乾燥肌で手があれやすい。冬になると、いつもこのビルの病院にお世話になっているの」。同区に住む80代女性は、皮膚のかゆみの症状を改善するステロイドの塗り薬が入った袋を手にそう語る。かゆみを抑える薬は市販のものも多く存在するが、もっぱら病院で処方される薬を使っているのだという。女性は「お医者さんに診てもらった方が安心。それにドラッグストアで買うと高いから……」と理由を語る。

この女性に悪意はない。少し喉が痛いから風邪薬をもらう。少し腰や膝が痛いから湿布薬を何枚ももらう。軽症なのに病院に行って薬を処方してもらった経験は誰しもあるのではないか。病院もこうした来院者を拒むことはない。

やや度が過ぎたケースがある。

「究極のアンチエイジングクリーム」。こんな触れ込みで話題になったのが、保湿剤の「ヒルドイド」だ。本来はアトピー性皮膚炎ややけどの治療に使われる処方薬だが、女性誌やワイドショーが「効果の高い美容クリーム」として紹介したところ、化粧品感覚で利用する人が急増した。ヒルドイドの薬価は軟こう50グラム入りで約１２００円。自己負担は３５０円ほどで済み、診察料を加えても、１万円を超えるものもある美容クリームに比べてかなり割安だ。人気が高まった理由はここにある。

困ったのは、本来この薬を必要としている患者たちだ。ＳＮＳ（交流サイト）のツイッターやフェイスブックでは「アトピーが持病なのに在庫がないと言われて困っている」との投稿が相次いだ。

美容目的の医薬品処方は医療行為として無駄でしかない。大企業の社員と家族が加入する健康保険組合の全国組織、健康保険組合連合会（健保連）が２０１７年に実施した試算では、ヒルドイドや類似品の美容目的とみられる処方は年93億円分にのぼった。厚生労働省の調査では、１回で50本以上を処方するような異常なケースも見つかった。

批判の高まりを受け、厚労省は規制のあり方を検討したが、２０１８年1月、保険の適用除外や処方量の制限措置を見送った。がん患者の団体が「抗がん剤による皮膚の乾燥を緩和するためにヒルドイドは欠かせない」などと反対したためだ。厚労省は医療機関に支払われる診療報酬の審査支払機関に対し、ヒルドイドの不適切な利用がないか審査を厳格にするよう求めることにした。

## 店で買うと598円の湿布薬が、病院では105円

多くの人がドラッグストアで買えるような薬を求めて、わざわざ病院で処方してもらいたがる最大の理由は、冒頭の高齢女性の発言に凝縮されている。「自己負担が軽くて済む」と考えているからだ。

ある湿布薬を通販サイトで買うと598円(2019年6月中旬時点)だが、病院で同じ量をもらうと3割負担なら105円の負担で済む。肌荒れを防ぐ保湿剤としても使えるアトピー性皮膚炎の処方薬は400円と、市販品の4分の1以下の価格で入手できる。75歳以上の後期高齢者は窓口負担が原則1割のため、自己負担はさらに小さくなる。病院では薬代だけでなく、初診・再診料、診察料なども支払うため、自己負担はもう少し増えるが、それでも市販薬を買うよりも安く済むケースが多い。

**市販薬と同じ有効成分を持つ医薬品の処方額**

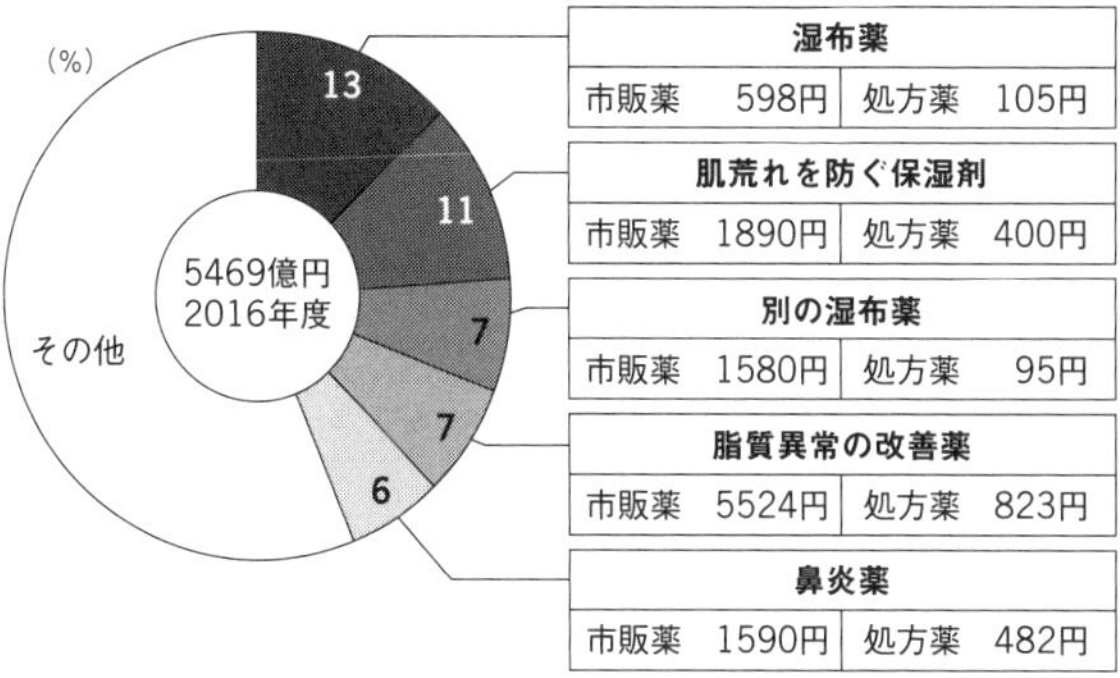


（注）有効成分で分類。市販薬は一例で、通販サイトでの購入価格や希望小売価格（税抜き）。処方薬は自己負担3割で計算
（出所）日本経済新聞調べ

問題は自己負担以外の7～9割分を保険料と税金で賄っているということだ。軽症なのにわざわざ病院に通う行動が、結果的には公的保険財政や国の懐を痛めているのだ。

市販薬があるのに公的保険を使って病院で処方されている薬はどれほどあるのだろうか。日本経済新聞はその規模を明らかにすれば、安易な通院を防いだり、市販薬の購買を促したりする議論を喚起できるのではないか、と考えた。同じ成分を持つ処方薬と市販薬がそれぞれ何種類あるのかは定かでなく、対象となる薬の年間処方額をまとめた公式統計はない。

そこで私たちが手掛かりにしたのは、厚労省が全国の診療報酬明細書（レセプト）を集計し、2014年度分から公開している「NDBオープンデータ」だった。都道府県別に医薬品ごとの処方金額データが列挙されている。これと処方薬の有効成分や薬価などが記載されている「薬価基準収載品目リスト」を照合。さらに厚労省が出している市販品の有効成分リストとつき合わせ、市販薬と同じ成分の処方薬の金額を個別に算出した。

その結果、2016年度の処方額は5469億円にのぼることが分かった。

集計方法を比較できる2015年度の処方額は5776億円。2016年度は5%減ったことになるが、これは診療報酬改定で薬価が下がったことが一因だ。同じ薬価で比べた場合、2016年度の処方額は5903億円で、2%増えた計算となる。病院での処方量が増えたとみられ、市販薬への切り替えが進まない実態が浮き彫りになった。

有効成分別に見てみよう。金額が最も大きかったのは、主に湿布薬に使われる有効成分の「ケトプロフェン」の702億円。全体の13%を占めた。2位はアトピー性皮膚炎や肌荒れに使う保湿剤成分「ヘパリン類似物質」の591億円だった。脂質異常の改善薬に含まれる「イコサペント酸エチル」（処方額は374億円）、鼻炎薬の成分「フェキソフェナジン塩酸塩」（同352億円）などが続く。やはり慢性的な疾患に対する薬が上位に並んだ。軽症であっても日常的に病院で処方してもらうケースも多い。

## 市販薬を使うことで「オプジーボ級」5種類分をカバーできる

政府の試算によると、医療費は２０４０年度に76兆３０００億円と、２０１８年度の１・7倍に膨らむ見通しだ。

医療費のうち２割を占めるのが薬剤費だ。市販薬がある処方薬をすべて市販薬に切り替えれば、その分だけ財政負担が軽くなる。もちろんそんなことを現実にはできないが、その規模を知ることは無駄な医療費を減らす手立てを講じるヒントとなる。

２０１９年５月には公定価格（薬価）が３３４９万円の白血病治療薬「キムリア」が保険適用となったほか、薬価1億円超えが見込まれる遺伝子治療薬「ゾルゲンスマ」も２０２０年中に国内で承認される予定だ。今後も高価な薬が相次ぎ登場するこ

**国民医療費の将来推計**

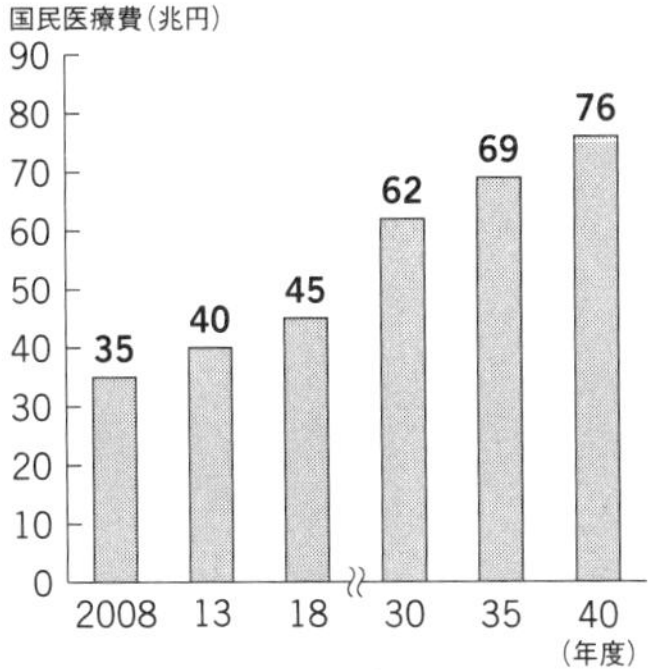


（出所）2008年度、2013年度は国民医療費（厚生労働省）、2018年度以降は「2040年を見据えた社会保障の見通し」（内閣官房・内閣府・財務省・厚労省）に基づく

とが予想されるため、症状が軽い人がすすんで市販薬を利用し、保険の費用をできるだけ抑える仕組みが欠かせない。

米医薬品調査会社IQVIAによると、がん免疫薬「オプジーボ」の2018年度の国内売上高（薬価ベース）は1014億円。仮に代替可能な処方薬をすべて市販品に転換すれば、オプジーボ級の高額薬を5種類分カバーできることになる。

健保連も2019年8月、久光製薬の「アレグラ」やエスエス製薬の「アレジオン」などの市販薬と同成分の花粉症治療薬を保険の適用から外した場合、最大で年600億円ほどの薬剤費の削減効果が見込めるとの試算を公表した。

全国121の組合の協力を得て、2016年10月から24カ月分、計2億7537万件のレセプト情報を分析したという。幸野庄司理事は試算結果を発表する記者会見で「公的保険は個人が負いきれない重いリスクを中心にカバーすべきだ」と政策の転換を訴えた。

## コスパ面で消費者に定着しない「スイッチOTC」

そもそも市販薬は処方薬とどのように区別されているのだろうか。

市販薬はリスクの程度で種類が分かれており、薬剤師が効能や副作用を説明して販売する必要がある「要指導」と「第1類」、都道府県が実施する販売資格の試験に合格した登録者も売れる「第２類」「第３類」がある。調査会社の富士経済（東京・中央）によると、２０１７年の市販薬の国内出荷額は約６５００億円だった。

　市販薬のうち、もともとは医師の処方が必要だったが副作用の心配が少ないとして一般用で認められた市販薬を「スイッチＯＴＣ」と呼ぶ。

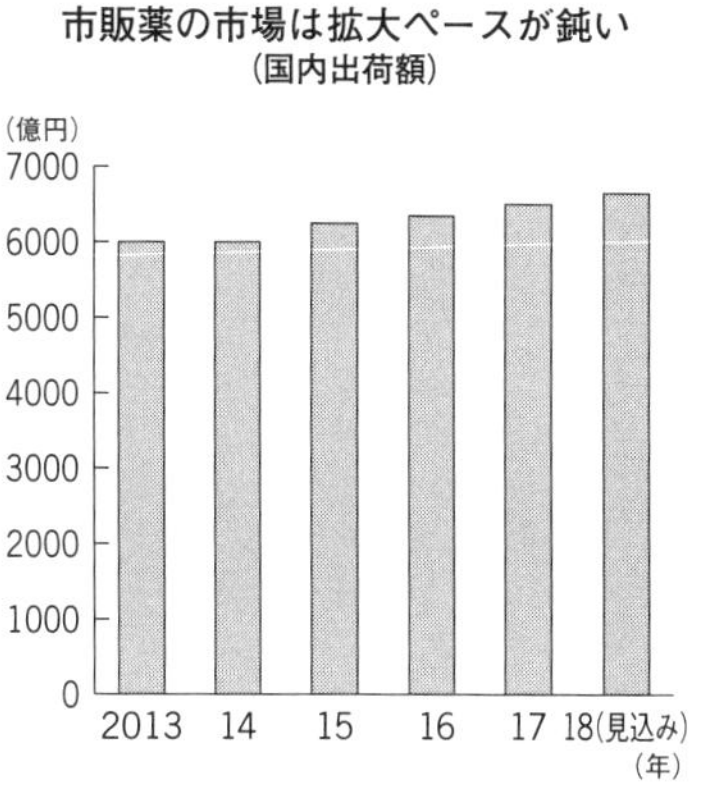

（出所）富士経済調べ

　政府は医療費を抑えるためスイッチＯＴＣの利用拡大を促しているが、効果は出ていない。スイッチＯＴＣの購入額が年間1万２０００円を超えると超過分が総所得金額から控除され、税負担が軽くなる「セルフメディケーション税制」。２０１８年の同税制の利用者は約2万６０００人と、当初の国の見込みである「２６０万人」の1％の水準にとどまっている。

「持続可能な社会保障制度の実現には、ＯＴＣ医薬品の拡大と、それを後押しする税制の充実が必要だ」。２０２０年1月20日夜、東京都内のホテルで開かれた日本ＯＴＣ医薬品協会（東京・千代田）の新春祝賀会で、佐藤誠一会長（佐藤製薬社長）はこう強調した。

２０１７年に始まったセルフメディケーション税制は２０２１年度を最終年度とする時限措置のため、２０２２年度以降も制度が継続されるかどうかは２０２１年度の税制改正の議論で決まる。佐藤会長は制度延長や最低限度額の引き下げなどを目指す方針を表明したが、富士経済で医療業界に詳しい小倉敏雄氏は「消費者にとってスイッチＯＴＣを購入するメリットが小さい」と課題を指摘する。

## 「医師は市販薬を広めたくない」

市販薬をめぐっては承認のペースが鈍いことも課題の一つだ。日本ＯＴＣ医薬品協会は海外の事例を参考に、１２０種類の成分を市販化するよう国に求めているが、現時点で実現したのは86種類の有効成分にとどまる。この86種類の成分を使ったスイッチＯＴＣの商品数は約１７００品目。市販薬全体の16％で、金額ベースでは25％となる。

同協会の黒川達夫理事長は「市販薬全体の市場は、我々が期待したほど伸びていない」と語る。協会は２０２５年度に市販薬の国内市場（販売額ベース）を１兆８０００億円と

２０１５年度（約１兆１０００億円）から6割増やす目標を掲げているが、近年は横ばい傾向が続いている。黒川理事長は「承認される有効成分の数が増えないことが原因だ」と語る。

市販の可否を決めるのは厚労省の「医療用から要指導・一般用への転用に関する評価検討会議」。この検討会のメンバーは計16人で、このうち医師が過半を占める。富士経済の小倉氏は「市販品が増えれば病院にくる人が減り、病院経営に響きかねない。あまり広めたくないのが医者の本音」と指摘する。市販薬が普及して病院に来る患者が減れば、検査や処置、処方などで幅広く診療報酬を得る機会を失ってしまうからだ。薬剤師資格を持つ東京理科大学の上村直樹教授（薬学）も「医療費を減らしたい国側は市販化を進めたいという立場だが、医師会側が猛反対する」と解説する。

**2019年までにスイッチOTCとして承認されたのは累計86成分**

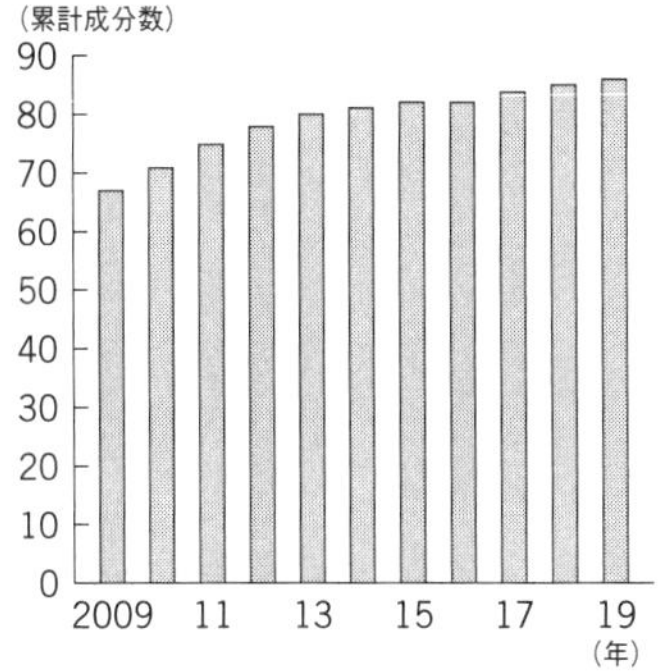


（注）各成分が最初に承認された年。成分によっては、薬効や用法、用量ごとに別々の年に承認されることがある

本来は市販薬市場の拡大を狙う製薬業界にも閉塞感が漂っている。スイッチ化を求める国側への要望件数は年々減り、製薬会社などによる国への市販化要望は2018年度に3件と、2016年度の18件から急減した。

第一三共ヘルスケアの山本雅俊取締役は「国に申請しても『不可』になるケースが多く、要望するだけ無駄という印象がある」とこぼす。「安全性の懸念ばかりに焦点が当たり、利便性の議論が弱い」とも語り、消費者団体の代表者も検討会に加えるよう求めている。

## 軽症の薬の自己負担比率アップもままならない

最近では、民間企業からも市販品の利用拡大を求める声があがり始めている。経団連は2018年5月、「持続可能な全世代型社会保障制度の確立に向けて」と題する意見書をとりまとめ、「長らく市販品として定着している市販類似薬について保険償還率の引き下げや、保険給付の適用外とすべき」などと主張した。

市販薬の積極的な活用を提言した健保連が「制度の参考になる」としているのがフランスの取り組みだ。薬の重要性に応じて自己負担比率を0%、35%、70%、85%、100%までの5段階に分けている。

抗がん剤など代えのきかない薬は全額を公費で賄う一方、市販品がある薬の自己負担は重くし、メリハリある保険制度を構築している。国などが必要性の薄い通院を繰り返す人に自制を促す取り組みも今後は求められる。

健保連の試算が公表されると、ツイッター上では「国民皆保険の終わりの始まり」「花粉症は『国民病』。自己負担が増えたら困る」など批判的な投稿が相次いだ。

大量に摂取すると健康に悪影響を及ぼす市販薬もあるため、「副作用の懸念があるような薬を安易に市販化させるわけにはいかず、長い時間をかけて議論することが大切だ」（スイッチＯＴＣの検討会メンバーである章平クリニックの湯浅章平院長）との慎重論は根強い。

ただ、このままでは医療費の膨張にブレーキがかからない。

政府はこれまで、財政健全化の観点から、1回で70枚を超える湿布薬の処方や栄養補給目的でのビタミン剤の投与などを保険の適用外とする措置をとってきたが、取り組みは十分とは言えない。医療費抑制を薬価の引き下げに依存するいまの構図が続けば、製薬会社のイノベーションの意欲がそがれてしまう恐れもある。すべての薬を一律で保険適用とするいまの制度を改め、代えがきかない新薬に財源を振り向ける思い切った制度改革が必要だ。

財務省出身で法政大学の小黒一正教授は「自己負担を引き上げる改革は、国民に負担を強いることになるため政治的なハードルがかなり高い」と指摘する。そのうえで「改革を放置したままでは、本来は公費でカバーしないといけない高額医薬品を保険で賄うことができなくなってしまうかもしれない。そうなれば、本来救える人を救えなくなってしまう」と警鐘を鳴らしている。

## 2 日本の「非常識」、効果低い薬にも保険

### フランスでは認知症薬に保険は使えない

2018年6月にフランスの保健当局が下した判断は厳しいものだった。「医療上の利益が不十分」。対象は日本でも幅広く処方されている4種類のアルツハイマー型認知症の治療薬。この判断を受けて、同年8月に公的医療保険の対象から外された。このニュースは日本でも報じられ、医療・製薬業界や認知症患者に驚きを持って受け止められた。

保険適用外となったのはドネペジル（日本での商品名はアリセプト）、ガランタミン（同レミニール）、リバスチグミン（同イクセロン、リバスタッチ）、メマンチン（同メマリー）。フランスは薬の重要性に応じて自己負担比率を０％、35％、70％、85％、100％に分けており、従来は15％分が保険から支払われていた。

もともと４種類のうち、３つは日本の治験でも「有効性が検証されたとは言いがたい」などの評価を受けている。それでも国内で承認されたのは、「薬の選択肢を増やす」という目的に加え、「海外で標準薬として位置づけられている」という理由が背景にあった。

**フランスで保険対象から外れた認知症薬**

| 商品名 | 日本での処方額（億円、2016年度） |
|---|---|
| アリセプトなど | 641 |
| メマリーなど | 467 |
| レミニールなど | 260 |

（注）処方額は厚生労働省のNDBオープンデータから日本経済新聞が算出

これらの認知症薬は、症状の進行を遅らせる効果が世界各国の臨床研究で確認されているが、認知症そのものを食い止めることはできない。その一方で、吐き気やめまいなどの副作用がある。

フランスは副作用を考慮すると薬の効果は高くないと判断したわけだ。兵庫県立ひょうごこころの医療センター・認知症疾患医療センターの小田陽彦センター長は「フランスで保険適用外となったことで、国内承認の根拠も揺らいでいる」と指摘する。

日本では製薬会社などが医薬品や医療機器を販売するには、医薬品医療機器等法に基づき、有効性や安全性などの審査を経て厚生労働相の承認を受けなければならない。公的医療保険の適用を受けるにはさらに保険適用を申請する必要がある。医師や薬剤師らで構成する専門組織が薬価を算定。その後、中央社会保険医療協議会（厚労相の諮問機関）が保険適用を承認する仕組みだ。一連の手続きを終えてはじめて、患者は1～3割の自己負担で医薬品や医療機器を使うことができるようになる。

日本と同じ公的な国民皆保険制度がある英国やフランスでもほぼ同様のプロセスを採用している。

異なるのは承認して一定期間が過ぎてからだ。日本ではいったん医薬品や医療機器の保険適用が認められると、副作用や販売不振で企業が取り扱いをやめない限り、保険の対象から外れることはほとんどない。かたや英国やフランスは薬の費用対効果を随時検証して保険の基準を柔軟に見直している。「保険でカバーする費用に対して効果に乏しい」と判断すれば保険の対象外としたり、給付比率を下げたりする。最初の投与から一定期間を過ぎて費用に見合った効き目がなくなる場合にも給付に制限をかけている。フランスの認知症薬に対する決定はこの制度にのっとって下された。

白血病治療薬「キムリア」など薬価が１０００万円を超えるような高額薬が近年相次いで登場しており、医療保険財政が逼迫する懸念がますます強まっている。医薬品の公定価格である薬価を定期的に引き下げる手法も限界がある。

かねて有識者などからは「日本も薬の価値に応じて保険を見直す仕組みにどんどん変えていくべきだ」との声はあがっている。効果が乏しい薬がいつまでも手厚く公的医療保険でカバーされると、無駄な処方を誘発しかねない。医療費を抑制するためには、効果検証を通じて薬の入れ替えを進め、薬剤費の無駄を生まない仕組みづくりがカギになる。

## 日本で処方額の大きい50の薬　４割は英仏で制限されている

日本経済新聞はこうした問題を提起するため、日本と英国、フランスでそれぞれ処方されている薬に対し、保険適用にどのような違いがあるかを調べることにした。市販薬があるのに病院で処方されている薬の金額を調べたときと同じように、厚生労働省が全国の診療報酬明細書（レセプト）を集計した「ＮＤＢオープンデータ」を使った。

調査方法はこうだ。まず２０１６年度で処方額が多い上位50品目を特定した。50品目の処

**7200億円規模が見直し候補になりうる**
**（対象は2016年度処方額上位50品目）**

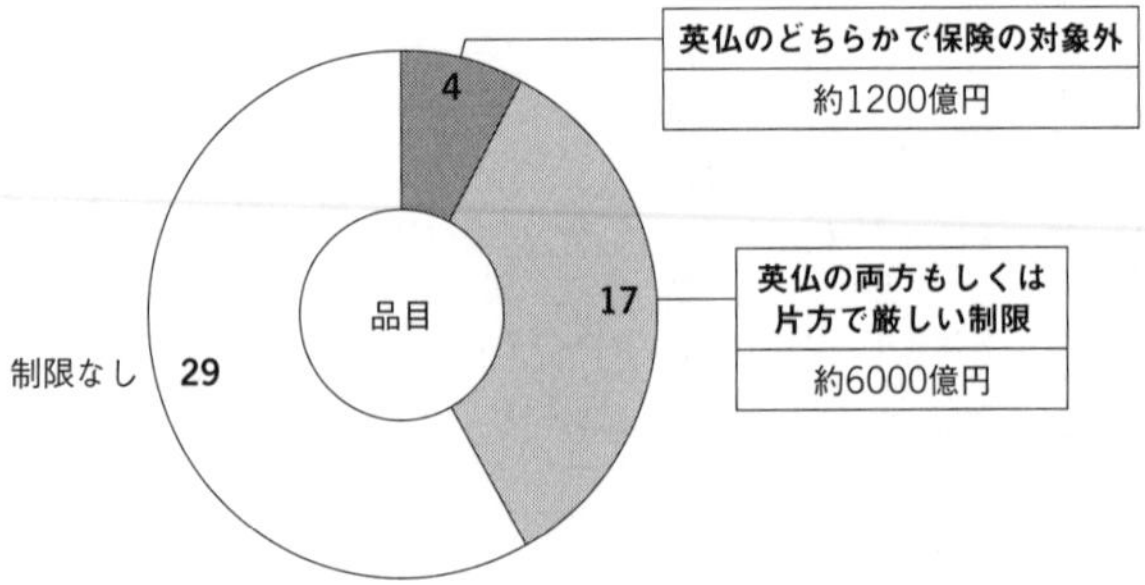


（出所）日本経済新聞調べ

方額は、10兆円に達する日本の薬剤費の2割に相当する規模だ。海外の医療制度に詳しい東京大学の五十嵐中（あたる）客員准教授（薬剤経済学）の協力を得て、この50品目に対する英国、フランスそれぞれの保険給付の基準を調べた。この両国で保険適用から外れているか、給付に制限がかかっているかを一つひとつ確認していったのだ。

すると上位50品目のうち4割が日本より保険の適用が制限されていることが判明した。英仏のどちらかで保険の対象外だったのは、血圧を下げる「オルメテック」や抗がん剤の「アブラキサン」など4品目。抗がん剤の「アバスチン」は大腸がんや乳がんの患者への処方が保険の対象外だ。

なんらかの形で保険の利用に厳しい条件を付けているのは17品目。処方額が１５００億円と最も大きかったC型肝炎薬「ハーボニー」は、英国が「投与は8週間まで」との制限を一部で設けている。英国はがん治療薬「オプジーボ」の投与期間の上限も「2年」と定めている。関節リウマチ治療薬「レミケード」は、フランスが「ほかのリウマチ薬での治療経験がない場合」という条件を付けていた。生活習慣病の薬の基準も厳しい傾向があり、日本は英仏に比べて

**英仏のどちらかで保険の対象外**

| 医薬品 | 処方額（億円） |
|---|---|
| アバスチンの2品目（がん） | 728 |
| オルメテック（高血圧） | 370 |
| アブラキサン（がん） | 133 |

**英仏の両方もしくは片方で厳しい制限**

| 医薬品 | 処方額（億円） |
|---|---|
| ハーボニー（C型肝炎） | 1506 |
| ソバルディ（C型肝炎） | 601 |
| オプジーボの2品目（がん） | 568 |
| ジャヌビア（糖尿病） | 551 |
| クレストールの2品目（高コレステロール） | 433 |
| フォルテオ（骨粗鬆症） | 426 |
| アイリーア（網膜症） | 310 |
| トラゼンタ（糖尿病） | 346 |
| ハーセプチン（がん） | 291 |
| グラクティブ（糖尿病） | 245 |
| プラビックス（心筋梗塞） | 224 |
| シンポニー（リウマチ） | 219 |
| レミケード（リウマチ） | 145 |
| ヒュミラ（リウマチ） | 108 |
| グリベック（がん） | 11 |

（注）2016年度。カッコ内は対応する疾病。制限がある疾患への処方額を日本経済新聞が推計

保険の基準がゆるい実態が浮き彫りになった。

疾病ごとの患者数をまとめた厚労省の「患者調査」のデータを基に、国内での処方額(2016年度)も推計した。その結果、英仏が保険適用を認めていない4品目の処方額は合計1200億円にのぼることが分かった。保険を使う条件が日本より厳しい17品目の処方額は計6000億円だった。もちろん、この17品目は条件さえ満たせば英仏でも保険を使うことができるが、日本の薬剤費の7％を占める薬の保険給付を見直す余地は十分にあるといえる。

フランスで保険適用外となった4つの認知症薬については、用量や製薬会社によってさまざまな種類の処方薬が出ているため、いずれも処方額では50位に入らず、集計に含めなかった。ただ同じ成分の薬として合計すると、1369億円が国内で処方されていた。これを加えると、保険給付の見直し余地は一段と広がることになる。

日本ではこれまで、医療費抑制の観点で保険適用を外れたのは、うがい薬など一部に限られている。病院で治療を受けたり、薬局で処方薬を受け取ったりしたときの窓口負担も原則3割と一律で、処方薬の価値や重要性に応じて自己負担率を変えているフランスに比べて制度が硬直的だ。

英国では高価な薬に対し、効果が出なければ製薬企業が費用のすべてを肩代わりする「成功報酬型」の仕組みを取り入れている。民間保険が一般的な米国でも同様の支払制度が普及しており、こうした手法は日本でも参考になる。

エビデンス（科学的根拠）に基づく医療のあり方を研究している米カリフォルニア大学ロサンゼルス校の津川友介助教授は「米国では医療費の2割が効果に乏しいという研究成果もある」と紹介する。そのうえで「日本は『財源をどう確保するのか』の議論に終始しがちで、『限りある財源をどう有効活用するか』の視点が欠けている。効き目が弱いと分かった薬は保険の対象から外し、効果が明確なものに財源を振り向けるべきだ」と改革の必要性を訴える。

## 薬の費用対効果検証　先進国はイギリス

薬の費用対効果を検証する制度はフランスやオーストラリア、韓国など多くの国が整備しているが、先進例は英国だ。同国で検証制度の司令塔役を担うのが、独立機関の「医療技術評価機構（ＮＩＣＥ）」。1999年、労働党のブレア政権時に発足した。

当時は保守党のサッチャー政権以来の医療費削減策が響き、病気になってもなかなか医者

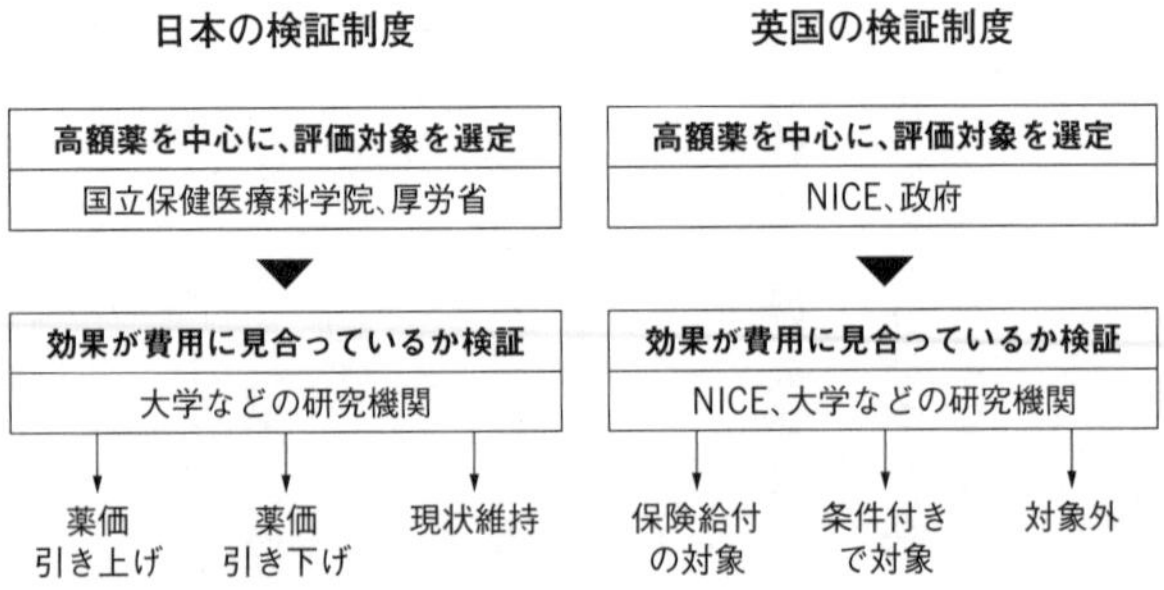


に診てもらうことができない「待機患者」の増加が社会的な問題になっていた。ブレア政権は病院に通いやすくするために医療予算を増やす一方、財政規律の維持にも腐心した。

一橋大学の中村良太准教授は「限られた医療予算を効率的に配分すべきだという発想でＮＩＣＥが生まれた」と解説する。客観的なデータに基づいて、より効果的に薬をふるいにかける必要があった。

ＮＩＣＥの２０１９年度予算は約６７００万ポンド（約86億円）。医療財政に効きやすい高価な新薬を主な検証対象としている。既存の薬と比べて1年間健康で過ごすのにどれだけ費用がかさむか。この「ＩＣＥＲ」と呼ばれる指標を活用し、無駄に費用がかかる場合は保険給付に制限をかける。ＩＣＥＲが3万ポンドを超えると保険の対象外になることが多いという。

ＮＩＣＥの発足後、検証対象となった品目数は医療機器を含めて８９２（２０１９年5月時点）。そのうち2割近くが保険の適用から外れており、薬の選別機能は発揮されている。

日本でも２０１６年4月からの試行導入を経て、２０１９年4月、費用対効果の検証制度が本格的に始動した。

仕組みはこうだ。検証対象となる医薬品は、厚労相の諮問機関である中央社会保険医療協議会（中医協）が決める。まずは製薬会社が費用対効果を分析して検証対象のＩＣＥＲを算出する。中医協の専門組織が企業分析のデータを精査したうえで、内容に疑義があれば、国が委託した大学による「公的分析」を実施する。製薬会社、公的チームの分析結果に乖離（かいり）がある場合には、どちらが妥当かを中医協が最終判断する。どの公的分析チームがどの品目を担当しているかについては、検証作業が終了するまで非公開とした。製薬会社と公的分析チームの不適切な接触を防ぎ、制度の中立性や公平性を確保するのが目的だ。

従来の日本の薬価の決め方は、2パターンに大別される。原材料費や研究開発費、製造コストなどを積み上げて値決めする「原価計算方式」と、効能が似た既存の薬と比較して価格を決める「類似薬効比較方式」だ。

オプジーボのように類似品がない薬は原価計算方式が採用されてきたが、開発費や製造コストを行政側が検証するのは難しく、「企業の言い値で薬価が決まる」との批判は多い。製薬会社によるバイオベンチャーなどの買収費用も薬価に反映される仕組みのため、「製薬会社がベンチャー企業を高値づかみしても、最終的に尻拭いするのは国民」（中医協専門組織の委員長を務める東京大学の田倉智之特任教授）との指摘もある。

そうした観点からも、薬の「価格」と「価値」を比較する費用対効果検証制度を導入した意義は大きいといえる。

## 透明性を欠く日本の検証プロセス、人員もイギリスの5分の1

ただ日本の課題は多い。その一つが制度の「透明性」だ。

「どういう経緯であああいう結論になったのか、まったく理解できない」。検証制度に携わる関係者がこう指摘するのは、試行導入時に検証対象となったC型肝炎薬「ハーボニー」の価格調整を巡る決定だ。

複数の関係者によると、ハーボニーのＩＣＥＲは５００万円を超えていた。日本の制度上、ＩＣＥＲが５００万円を超えると薬価は引き下げられる。しかし、中医協の専門部会は２０１９年３月、ハーボニーが価格調整の「対象外」となることを突如、公表した。米ギリアド・サイエンシズの日本法人の関係者は「当然、価格が下がることを覚悟していて、米国本社の幹部にもそう伝えていた。（２０１９年３月の）中医協の専門部会の公表資料で価格が維持されることを知り、本当に驚いた」と振り返る。
専門部会の資料には、ハーボニーが価格調整の対象外になった経緯や理由が明確に書かれていない。治療効果が高いハーボニーは、対象患者の減少とともに２０１７年度の処方額が４３３億円に減少しているが、検証結果を価格調整に活用していれば、少なくない規模の薬剤費の減少につながったはずだ。

**売り上げ上位10医薬品**

| 医薬品名 | 億円 |
|---|---|
| アバスチン（がん） | 1183 |
| マヴィレット（C型肝炎） | 1177 |
| オプジーボ（がん） | 1014 |
| リリカ（疼痛(とうつう)） | 1007 |
| ネキシウム（胃潰瘍） | 919 |
| キイトルーダ（がん） | 875 |
| レミケード（リウマチ） | 749 |
| イグザレルト（脳梗塞） | 744 |
| リクシアナ（血栓症） | 743 |
| タケキャブ（胃潰瘍） | 708 |

（注）カッコ内は対応する疾病
（出所）IQVIA医薬品市場統計（2018年4月～2019年3月）

日本の検証制度に詳しい有識者は「証拠に基づいて価格設定をするという趣旨にもかかわらず、議論のプロセスがまったく外部から見えない」と問題点を指摘する。
検証結果を保険適用の可否の判断には使わない点も課題だ。価格調整の検討材料にするだけで、下げ幅も最大15％と小さい。検証対象は主に、ピーク時の予想市場規模が年１００億円以上の新薬で、発売済みの薬の場合は原則、年間の国内売上高が１０００億円以上のものに限る。こうした大型の既存薬は10種類にも満たないのが実情だ。

検証制度のあり方を議論した国の検討会では、海外のように保険適用の可否の判断に踏み込むべきだとの意見もあったが、「製薬会社などが『国民皆保険の根幹に触れる』として、強く反対した」（厚労省医療課）ため見送りとなった。東京大学の五十嵐客員准教授は「費用対効果の結果は価格調整の判断にしか使わないので、データの活用の仕方として不十分だ」と強調する。

体制も脆弱だ。データの分析作業は大学や研究機関に委託するが、司令塔役となる「国立保健医療科学院」の専属メンバーは２０１９年８月時点で６人しかいない。この陣容で、製薬会社や公的分析チームとの協議に加え、中医協の運営業務などにも関わっている。

これに対し、ＮＩＣＥの効果検証担当は30人程度とみられる。治療の指針づくりに携わる人員などを含めると全体で約６００人が所属し、医療の効率化や安全確保に携わる体制は日本に比べて格段に充実している。

国際医療福祉大学の池田俊也教授によると、ＮＩＣＥは年間70～80品目を対象に検証作業を実施しているが、日本は年10品目ほどにとどまる見通しだ。池田教授は「今後、高額薬の登場が相次ぎ検証対象が増えれば日本で人手が不足する。検証の担い手の確保が急務になる」と訴える。

## 3 足踏みする「安い薬」の普及

### 消えた「お薦め薬リスト」

価格が安い後発医薬品をきちんと使って医療を効率化する気がないのではないか——。そう思わせる出来事が2020年1月下旬にあった。

2年に1度の診療報酬の改定作業が大詰めを迎えていたころだ。中央社会保険医療協議会（厚労相の諮問機関、中医協）の検討項目リストから、ある項目が消えた。「使用ガイド付き医薬品集」。効能・安全性に経済性も加味したお薦めの処方薬リスト（通称フォーミュラリー）のことだ。

お薦め薬リストは薬の専門家チームがデータに基づいて作り、効能と安全性が同じなら安い薬が選ばれる。新しいエビデンス（科学的根拠）が出ると更新されるので、医師は自分の専門以外の薬も選びやすくなる。先発薬と成分・効能が同じで価格は安い後発薬は推奨薬リストに選ばれやすい。

薬剤費の節約効果が大きいことから、推奨薬リストは欧米では定着している。地域単位で導入するケースが多く、英国のように国の組織が基準案をつくる国もある。だが、日本では少数の大病院が個別に院内用につくっているだけだった。

## 日本医師会はなぜ反対したのか

どうすれば推奨薬リストが普及するか。２０２０年度の診療報酬改定に向けた中医協の議論が２０１９年春に始まってから、厚生労働省は手を替え品を替え病院に推奨薬リスト作成を促す案を示した。リストをつくる病院には診療報酬を上積みする内容だ。薬の費用対効果を高める狙いがあった。

浜松医科大学病院、聖マリアンナ医科大学病院、山形県酒田市で複数の医療機関を運営する地域医療連携推進法人・日本海ヘルスケアネット……。厚労省は中医協の資料で推奨薬リストの先進的な取り組みをいくつも紹介。薬剤費の抑制だけでなく、禁忌成分を含む薬の重複服用を避けたり、多すぎる薬の併用による健康被害を防いだりする効果があるとアピールした。

だが、日本医師会など診療側の委員は反対を貫いた。最初に挙げた理由は「医師の処方を制約する恐れがある」。次は「個々の病院がリストをつくるのは構わないが、診療報酬による評価はなじまない」。

中医協では推奨薬リストについて発言しない委員も多かった。効用は認めても、リストをつくる病院だけ診療報酬を上積みするとほかの医療機関が受け取る報酬のパイが減ってしまうことも背景にある。

賛成したのは医療費の節約を期待する健康保険組合連合会の委員だけだった。結局、厚労省は「今回は理解を得られなかった」と案を撤回し、検討項目から外した。

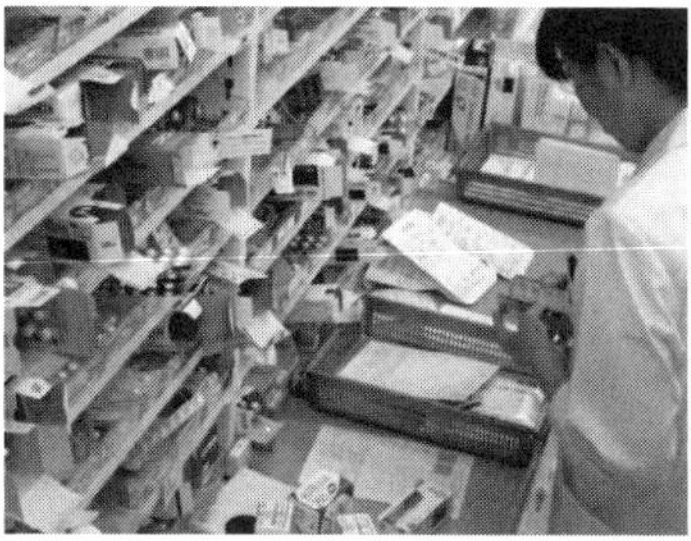

後発薬は種類が多く、選択が難しい面がある

## リスト導入で年間1200億円以上節約できる?

中医協の外に目を向ければ情勢は着実に変化している。

山形県北庄内地域では降圧薬など4つの生活習慣病薬の推奨リストが2018年11月から実際に活用されている。このリストを作った「日本海ヘルスケアネット」は複数の医療機関を一体運営する地域医療連携推進法人だ。地域の病院、診療所、薬局が協力して推奨薬リストを共有する日本初の試みだ。

導入からほぼ1年後の2019年12月、都内の病院関係者向けセミナーで日本海ヘルスケアネットの栗谷義樹代表理事が話した実績報告は注目を集めた。地域の医療費の削減効果は月897万円。「全国人口に置き換えて試算すると、4つの薬だけでも日本全体で年1200億円の節約が可能だ」(栗谷氏)という。

北庄内地域の病院では医師が指針のリストにない薬を処方しようとすると、電子カルテの画面上に「推奨薬ではありません」とのアラートが表示される。詳細欄をクリックすると、代替となる後発薬の情報が出てくる。副作用や飲み合わせなどの注意事項も分かる。

後発薬は種類が多く、調べる手間がかかるため医師は処方をためらいがちだ。その壁を取り除いて後発薬の処方が増えたことで、患者の経済的負担は軽くなった。地域の病院・診療所と薬局が投薬の情報を共有する仕組みも導入し、重複投薬や薬の飲み残し問題も減った。

東京にも新しい風が吹く。２０１９年度後半、慶應義塾大学病院、東京医科大学病院など新宿区の８つの基幹病院が共通の指針づくりに動き出した。まず２０２０年度は抗インフルエンザ薬と抗アレルギー（花粉症）薬を対象とすることにした。

たとえば花粉症の薬は数が多いうえ、一部の薬は眠くなるため運転する人に処方できないなど、患者に合わせた選択が難しい。リストで薬の選択肢を絞ることで医療の安全性を高めることができ、病院では薬の在庫管理の負担軽減につながる。欧米で推奨薬リストのメリットを実感した医師や薬剤師が増えたことも原動力になった。

リスト作りはデータ収集・分析の手間と費用負担が大きい。似たような数多くの薬のなかから、どの効能・特徴をどの程度評価してリストに入れるか。定期的に専門家同士で意見をすりあわせなければならない。「新宿区の基幹病院が共同で作業することで負担を分け合える」と参加する東京女子医科大学病院の木村利美薬剤部長は話す。

ただ、北庄内や新宿区のように複数の医療機関が推奨薬リスト作りで手を組む試みはまだ珍しい。リストで薬の処方が変わると医療機関や製薬企業の経営への影響が大きく、関係者の合意形成が難しいためだ。「高価な先発薬を処方しにくくなるのでは」と警戒する声もくすぶる。

## 江戸川区でジェネリック導入が進んだ理由

後発薬の使用を増やす方策は推奨薬リストだけではない。

たとえば2018年度に後発薬の使用割合78・3%と東京23区でトップになった江戸川区。「ここ数年で割合が高まったのは区の薬剤師会が熱心に取り組んだからだ」と同区健康部医療保険課は強調する。

後発薬の使用が少ない薬局があれば、篠原昭典・江戸川区薬剤師会長が自ら出向いて説明する。後発薬の使用を認めない処方指示を出す医師に対しては、区と相談し、区職員にその医療機関を訪ねてもらい、後発薬への理解を求めた。

ただ、こうした取り組みは組織トップの意欲に左右されやすい。薬の効能や安全・経済性をデータで評価した推奨リストの方が薬剤費の節約効果は長続きする。

政府は後発薬の使用割合(シェア)を2020年9月に80%にするとの目標を掲げている。2018年9月時点で72%台と達成は微妙で、長期的な戦略の練り直しを迫られそうだ。

目標とする指標そのものの見直しも必要になっている。いま目標とする指標は、後発薬のある先発薬と後発薬の「合計数量」に占める「後発薬の数量」の割合だ。後発薬への置き換え率が高い病院や薬局に診療報酬を手厚くする仕組みで後押ししている。

この指標では成分が同じ後発薬がまだ販売されていない先発薬は対象外だ。しかし実際は競合する同成分の後発薬がないため価格が高止まりした先発薬を処方する医師は多く、こうした薬の市場シェアが大きい。そして価格ほど効能や安全性が優れているとは限らない。

効能、安全性、経済性のデータに基づく推奨リストをつくると、割高な先発薬ではなく成分が違っても効能・安全性で劣らない後発薬が選ばれる可能性がある。もちろん先発薬でも価格に見合う効能・安全性があるなら推奨リストに入る。日本の薬市場全体の費用対効果を高めるには、後発

**後発医薬品の使用割合**
**（数量ベース、厚労省調べ）**

（注）数値はすべて9月時点

薬がない薬も対象に含めた推奨薬リストが有効なのだ。

「欧米は推奨薬リストを定めたうえで後発薬の促進策をとるのが常識だ」。日本初の推奨薬リストを聖マリアンナ医大病院が導入した当時、薬剤部長だった日本調剤の増原慶壮取締役フォーミュラリー事業推進部長はこう指摘する。

なぜ日本は後発薬シェアが頭打ちになってきたのか。中医協では診療報酬で評価すべきでないと却下された推奨薬リストを今後どう推進していくのか。

そもそも、後発薬の促進策は医療機関の診療報酬の加算だけとは限らない。ドイツには後発薬が標準処方の時に先発薬をあえて処方すると差額が患者負担になる仕組みもある。。宿題は山積みだ。「頑張って推奨薬リストを提案したけれどダメでした」で済ませてはいけない。

# 4 あふれる抗生物質と「飲み残し薬」

## 抗菌薬の投与、6割近くは効果がない疾患に

この第4節では、学術的な研究成果を参照しながら、無駄な医薬品処方の事例をさらに追ってみよう。

典型例は老若男女に幅広く処方されている抗菌薬（抗生物質）だ。風邪をひいたときに、総合感冒薬などと一緒に抗菌薬を渡された人は多いのではないか。

しかし、抗菌薬は細菌の感染には効果を発揮するが、ウイルス性の風邪には効き目がない。このことは科学的に証明されており、医療の現場でも常識だ。にもかかわらず、意味もなく抗菌薬が処方されるのだ。

そもそも抗菌薬はどれほど頻繁に使われているのか。自治医科大学を中心とした研究チームが実態に迫るために全国規模の調査を実施したところ、実に6割近くが効果のないウイルス性の感染症に対して処方されていることが判明した。

**経口抗菌薬の処方率**

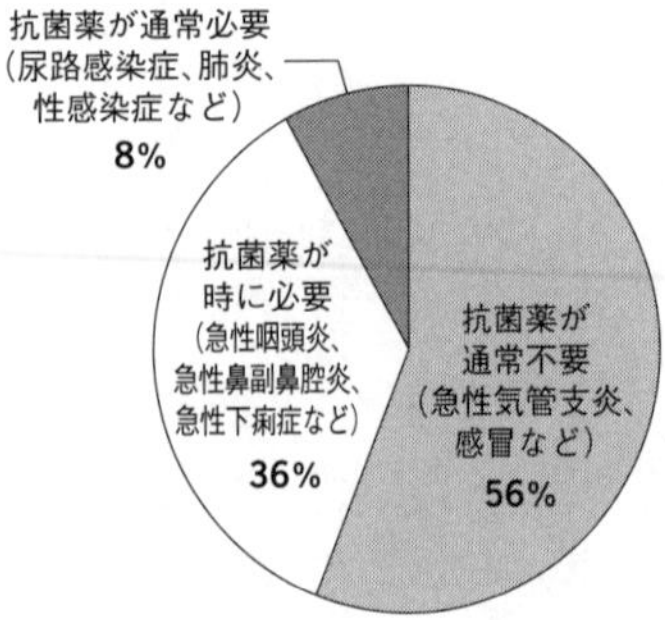


（注）自治医科大を中心とした研究チームの資料を基に作成

自治医科大などのチームは厚生労働省の診療報酬明細書（レセプト）を集計したＮＤＢデータベースを活用した。ホームページなどで公開され、報道目的で使えるデータはレセプトの個票までは分からないが、学術研究のためであれば、個票に載っている細かいデータを申請すれば入手できる。このデータベースが、日本の抗菌薬処方率（人口あたりの処方回数）を全国規模で感染症名と網羅的に結びつけた初の調査研究につながった。

その結果からは抗菌薬の処方が無駄だらけであることが浮き彫りになった。

詳しく見てみよう。調べた期間は２０１２～14年度。年平均で８９５７万回の経口抗菌薬が処方されていた。年１０００人あたり７０４処方となる計算で、米国の１・４倍になるという。このうち尿路感染症や肺炎、性感染症など本当に抗菌薬が必要な患者向けの処方は全体の８％にすぎなかった。

急性気管支炎や風邪など通常はウイルスが原因の症状に対する処方は56％に達し、急性咽頭炎や急性下痢症など細菌が原因となるのは一部にとどまる病気に対するのは36％だった。しかも、専門医らが推奨している抗菌薬を出しているのは25％にとどまった。

効果が見込めない患者に抗菌薬を処方する理由としては「二次感染予防」がよく挙げられる。ウイルス性の風邪であっても、体力が弱っている状態で別の細菌に感染するのを防ぐというものだ。しかし、こうした処方はほとんど意味がないことも科学的に分かってきている。

## 「念のため」の処方　無駄だけではなく弊害も

「念のため」の処方が無駄を生むばかりでなく、弊害をもたらしているのだ。調査研究を担った自治医科大の畠山修司教授は「抗菌薬の処方は『量』だけでなく『質』にも問題がある」と指摘する。

まず「広域抗菌薬」が多用されていることだ。広域抗菌薬とはいわば特定の細菌ではなく、幅広い種類の細菌に効くものだ。汎用性があるのは良いことのように思うかもしれないが、耐性菌が発生、増殖しやすくなる問題がある。畠山教授によると、下痢や扁桃炎をたたくには不適切だという。その広域抗菌薬の処方が全体の86％に達していることが調査で分かった。

年齢別にみると0～9歳の小児の受診回数が多く、抗菌薬処方率が高くなっている。また成人男性より成人女性の処方率が高かったという。そして、首をかしげたくなるのは20～64歳で受診あたりの抗菌薬処方の割合が最も高かったことだ。

畠山教授は「お年寄りではなく、本来合併症などのリスクが最も低い年齢層で最も割合が高かったのは意外だった」と語る。

政府も過剰な抗菌薬処方を問題視している。２０１６年に策定した「薬剤耐性対策アクションプラン」では２０２０年までに経口抗菌薬を２０１３年比で50％減らす、静注抗菌薬を20％減らす目標を掲げた。畠山教授は「どういう疾患で、どのように不適切な処方がなされているのかを明らかにした。医師は患者にきちんと説明し、適正な処方を心がけるべきだ」と訴える。

## 1兆円あってもおかしくない「飲み残し薬」

薬を患者に渡した後にも医療費の無駄が潜んでいる。飲み忘れることもあれば、体の調子が良いからと自分で判断して飲まないこともある。アルコールとの飲み合わせが悪い薬には「今日はお酒を飲んだから薬は飲まないでおこう」と考える日もあるだろう。そうして残った「残薬」を放置すれば、そのまま医療費の無駄となる。

どれほどの残薬があるのか。東京薬科大学の益山光一教授（薬事関係法規）は「はっきりとは分からないが、１兆円程度あってもおかしくはない」と指摘する。益山教授が２０１５年までに公表された残薬についての文献を調べたところ、残薬の推計額は１００億～６５００億円と幅があった。残薬をどのように確認したかなど、調査のやり方や調査期間の長さ次第で把握できる残薬の量は違うからだ。たんすの中にあるが患者本人も忘れてしまったような残薬は、把握することができない。年間約10兆円の薬が処方されているが、「数％しか残薬がないとは考えにくい」（益山教授）。

国は残薬を減らすための制度を整えてきた。２０１２年に、薬剤師が受け取る調剤報酬を改定し、「薬剤服用歴管理指導料」を受け取るための要件に残薬の確認を盛り込んだ。２０１９年11月

**薬剤師と患者の認識は違う**

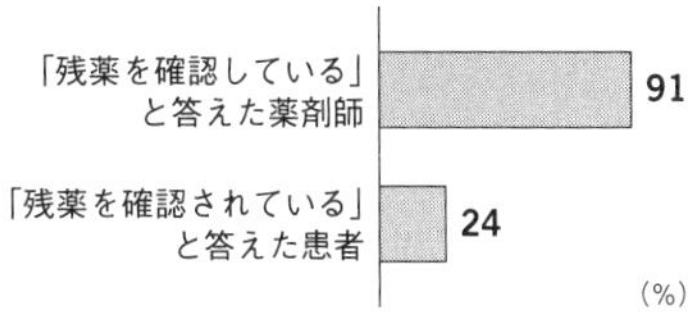


（出所）処方薬の飲み残しに関する意識・実態調査（ファイザー日本法人）

には医薬品医療機器等法が改正され、残薬の確認が義務となることが決まった。

国の制度が変わって残薬がなくなるかといえば、それほど単純ではない。残薬の状況は、患者側からうまく聞き出す必要があるからだ。少し古いが、２０１２年のファイザー日本法人のアンケート調査によると、薬剤師のうち91％は残薬を「確認している」と答えていた。一方で、患者で「確認された」と答えたのは24％だった。新潟薬科大学の富永佳子教授（医療系薬学）は「現場の薬剤師にとっては、残薬確認は以前からやっているという感覚だ。ただ、ちゃんと薬を飲んでいるかと聞かれれば、患者はイエスと答えたくなる。患者が正直に言いやすいような工夫が必要だ」と解説する。

## 「節薬バッグ」で３３００億円削減の可能性

その工夫のひとつが「節薬バッグ運動」だ。２０１２年に福岡市薬剤師会が全国に先駆けて運動を始めた。薬局で患者に専用のバッグを渡し、自宅にある残薬を入れて持ってきてもらう。まだ使える残薬があれば、医師に問い合わせて新しく処方する量を少なくし、再利用する。

運動に参加した患者のデータを九州大学の島添隆雄准教授（医療薬学）らが分析したとこ

ろ、84％の残薬が再使用可能で、処方箋１枚あたり２７００円削減できていた。２０１１年度に全国で出された処方箋枚数の約７億７０００万枚と組み合わせ、全国に節薬バッグ運動が広がれば３３００億円の薬剤費削減ができると試算した。

「ご自宅に残っている薬や目的の分からない薬をかかりつけの薬局にお持ちください」

東京都墨田区の「鐘ケ淵薬局」の入り口にはこんな文言の書かれたステッカーが貼られている。同区薬剤師会は、福岡市薬剤師会の事例を参考に、２０１７年から節薬バッグ運動を始めた。一部の会員薬局から運動を始め、２０１８年度からは全会員薬局にバッグとステッカーを配布している。鐘ケ淵薬局の濱野明子氏（同区薬剤師会会長）は「患者にとっては相談のハードルが下がる。直接医師に相談する患者も増えたと思う」と効果を実感している。薬局窓口では患者が「薬が余っているので、今度持ってくる」と伝えていた。

九大の島添准教授らが２０１７年10月～２０１９年１月の墨田区の35薬局の処方箋データを分析したところ、患者５１２人の薬剤費が減少し、１人あたりの中央値で２０７１円の削減効果があった。高血圧や糖尿病、高脂血症といった生活習慣病の残薬が多いことが分かった。高血圧や糖尿病は残薬調整を続けることで残薬が減るが、自覚症状の少ない高脂血症の残薬は減りにくいことも分かった。

島添准教授は「節薬バッグ運動が広まってきたことで、薬剤師の意識も改善しているだろう。今後も運動を続けていくことが必要だ」と話す。

## 「薬を減らして元気になった」

残薬問題は、必要以上に多くの薬を飲むことで副作用のリスクが高まる「ポリファーマシー」とも関わりがある。

「昔は薬を少なくしてくれというのは言いにくかったが、いまはない。薬を減らして元気になった」。墨田区に住む女性(82歳)はひとつの病院で4つの診療科に通っており、1日15錠を朝昼夜と寝る前に分けて飲んでいた。毛細血管が炎症を起こす難病を患っており通院に苦労するため、1度の通院で56日分の薬を処方してもらっていた。

ただ、1度に大量の薬をもらうと、いつ飲み忘れたかなどどこで数が合わなくなったのかも分かりにくくなる。病院に勤務するメディカルソーシャルワーカーと相談し、通院から在宅医療に変更。飲み忘れが多かった昼の薬をなくし、1日の11錠、処方日数も14日分に減らした。月に2回、薬剤師が訪問し、服薬状況を確認する。「かかるお金も少なくなった」と喜ぶ。

薬剤師だけではなく、医師にも課題はある。病院や診療所での検査結果を薬局と共有すれば、患者が薬を飲めているかが分かりやすくなる。新潟薬科大の富永教授は２０１６年に薬局へのアンケート調査で、医師の出す処方箋に検査値などの情報が書いてあるかを調べた。ほとんどの薬局で情報のある処方箋は「２割未満」との回答だった。ちゃんと飲んでもらえるようにするのが薬剤師の仕事だ、と考える医師もいるのが実態だ。

富永教授は「患者が飲めていないのは環境が悪いという意識を持つことが大切だ。教育的指導で行動が変わる人だけではない」と指摘する。

## 5 インタビュー編 薬の無駄をどう省くのか

年間43兆円の医療費の2割強は薬代が占める。２０２０年度予算編成の焦点だった診療報酬改定で薬の公定価格（薬価）は約１％引き下げが決まったが、薬の総費用は膨らみ続けている。高齢の患者が増え、多すぎる薬の併用による健康被害や残薬の問題も深刻になった。無駄を省くために何をすべきか。医師、薬剤師、患者それぞれの役割について有識者に聞いた。

## 「薬剤師をもっと生かそう」

### 健康保険組合連合会理事　幸野庄司氏

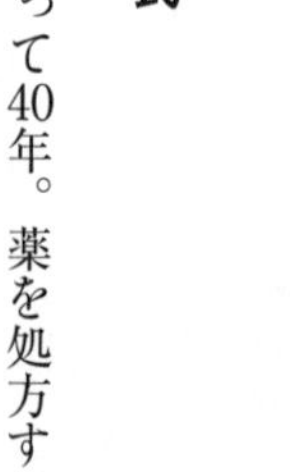

病院と薬局を分ける医薬分業が始まって40年。薬を処方するほどもうかる「薬漬け医療」を解消する狙いだったが、結果的に病院の門前で調剤だけする薬局が増えた。薬剤師は十分に活躍できず、薬の過剰服用を是正する取り組みは遅れている。

薬剤師の独立性が高い米欧と比べ、日本は医師の権限が強すぎることが背景にある。薬剤師が患者のために職能を存分に発揮するよう制度を見直す必要がある。

昔は体調が悪くなると、まず近所の薬局に相談した。いまはすぐ医療機関を受診し、帰りに薬局に立ち寄る。複数の医療機関にかかると、それぞれの門前薬局で処方薬を受け取る。65～74歳の半数、75歳以上の7割超が5種類以上の薬を服用し、薬の飲みすぎで健康を損なう弊害や残薬の問題が大きくなった。

厚生労働省は門前薬局を減らす狙いで調剤基本料を引き下げたが、下げ方が手ぬるい。調剤しか手掛けない薬局は経営が成り立たない水準まで下げるべきだ。地域に貢献する「かかりつけ薬局」や高度な薬学管理など付加価値の高いサービスを提供する薬局の報酬を加算すればよい。

活躍したい薬剤師の意欲をそぐ壁もある。たとえば薬が残っていて次に渡す薬を減らした方がよいとき、薬剤師は処方した医師に事前に疑義照会して了解を得なければいけない。ほかの客を待たせることになり、忙しいときはやりづらい。対応する医師にも負担がかかる。一部の病院は一定範囲内の変更は事前照会でなく事後報告でも可とする協定を近隣の薬局と結んでいる。こうした取り組みが広がれば、残薬も減るのではないか。

他にも壁はある。病態が安定した患者に薬を長期間処方するとき、途中で点検する仕組みがある。たとえば6カ月分なら最初は3カ月分の薬を渡し、3カ月たったら患者は薬局で残りの薬を調剤してもらう。「分割調剤」と呼ばれ、残薬のチェックや後発薬の試し服用に適しているが、これを選ぶ医師は少なく、患者の認知度も低い。もっと活用できるよう工夫した方がよい。

高脂血症薬など医師が処方する生活習慣病の薬の半分以上は価格の高い先発薬だ。薬が多すぎて選ぶのが大変なため昔から知っている先発薬を処方する医師が多い。効能・安全性と経済性を兼ね備えた推奨薬リストの使用指針をつくれば、質の高い後発医薬品が選ばれやすくなる。

健保連は3つの生活習慣病の薬について使用指針案をつくった。それにそって後発薬を使うと年3141億円の薬剤費が削減できると分かった。指針を作る医療機関を評価する仕組みを検討すべきだ。指針に強制力はないので医師の処方権の侵害にはならない。

2019年は処方1回1000万円超の高額医薬品がふたつ保険適用になった。画期的な高額の薬を公的保険でカバーしていくためにも、保険適用の範囲は見直していくのが望ましい。保険適用の処方薬には湿布薬、花粉症薬、ビタミン剤など市販薬とほぼ同じ薬もある。こうした薬代は通院しても保険外と見なすことも検討すべきだ。

## 「後発薬普及のてこ入れ欠かせず」
## 東邦大学医学部特任教授　小山信弥氏

まず特許が切れた先発薬と同じ成分・効能で販売される後発薬への切り替えを進めるべきだ。後発薬の価格は先発薬のほぼ半分で、医療費の節減効果が大きい。

後発薬のシェア（使用率）は数量で70％台後半となり、政府目標の80％に近づいた。ただ、これは後発薬が存在する医薬品でのシェアであり、後発薬がまだ出ていない先発薬が数多くある。普及を促すため、全体の数量だけでなく薬の種類別のシェア目標も考えてはどうか。ドイツには適切な後発薬があるのに先発薬を選ぶ場合は患者が差額を負担する仕組みがある。これも検討に値する。

現在の制度でできることもある。後発薬の使用率は80％を超える沖縄、宮崎、鹿児島に対し、徳島、高知、東京は70％台前半と地域格差が大きい。シェアが低い地域で取り組みを強化すればよい。人口が多い東京で後発薬シェアを高めることができれば、医療費の節約効果も大きい。

後発薬のシェアは地域で影響力を持つ医師の理解度で決まる。質や供給体制が不安定だった昔の後発薬の風評にとらわれている医師が多い。秋田県は医療関係者とのセミナーなどで周知した結果、基幹病院が使い始め、地域全体のシェアが高まった。

大学病院の取り組みにも差がある。入院報酬は１日あたり定額制なので、入院患者には安い後発薬を使いコストを抑えるのが普通だ。一方、一部の病院は外来の患者には院内薬局で先発薬を処方している。先発薬の方が病院に入る薬価差益が大きいからだ。患者にやさしい病院であるためには一考の必要がある。

東邦大学大森病院は私が病院長だった2003年に後発薬の使用へカジを切った。当初、後発薬は質が悪いのではと不安だったが「責任を持つ」と力説する薬剤部長に説得されたのが正直なところだ。ふたを開けると注射薬剤など50品目を切り替えただけで、薬剤費が4％下がって病院の収支が改善した。

外来は院外処方に切り替え、病院の薬剤師は入院患者の対応にシフト。薬剤師も加わったチーム医療で入院ケアの質は向上し、医師、看護師の負担は軽くなった。何より患者の自己負担が下がる意義は大きい。いまは後発薬の使用率は86％に高まった。可能な限り後発薬を使っている。

もうひとつの薬剤費の節約策は、医師が処方する必要がある医療用医薬品の市販薬（ＯＴＣ）化を進めることだ。すでに医療用医薬品を市販薬に転用する仕組みはあるが、数もシェアもまだ少ない。

処方薬をもらうためだけに医療機関を受診する人は多い。貼り薬などを多めにもらう人もいる。保険適用される処方薬は患者負担が原則3割、75歳以上は1割で、同じ薬でも薬局でＯＴＣ薬を買うより安くなるからだ。

外来受診時に１０００円の定額負担を導入すれば、薬目当ての受診は減る。患者の待ち時間も短くなる。医師の診療が不要なほど軽症で、薬だけ欲しい人は薬局で薬剤師から説明を受け、買えるようにすればよいのではないか。薬剤師が必要と判断すれば受診を勧めるだろう。

## 「改革へ患者の理解カギ」
## ささえあい医療人権センターＣＯＭＬ理事長　山口育子氏

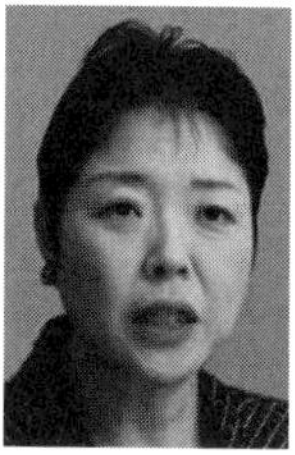

高齢で幾つも病気を抱え、薬をたくさん処方される患者が増えたことが薬の安全と費用の両面で問題だ。多すぎる薬を併用すると、元の病気とは関係ない症状が出やすくなる。その症状を抑えるため別の薬を処方され、悪循環に陥る。入院して病院が持参薬を点検し、見直しが行われれば問題は一時的に解消するが、退院後は元に戻ってしまう。

これは病気ごとに違う医療機関に行き、それぞれで処方された薬を受け取っていることも一因だ。すべての薬を1つの薬局で管理し、薬の重複や飲み合わせをチェックすれば、不要な薬を省いたり別の薬に替えたりできる。

残念ながらこうした「かかりつけ薬剤師（薬局）」は知られていない。薬剤師の役割の「見える化」が不十分なことが背景にある。ＣＯＭＬの電話相談の5、6番目に多いのは薬に関連した話だが、相談者から薬剤師の話は出ない。「処方箋どおり調剤する人」と見るだけで期待が低い。薬剤師の職能団体は現状に危機意識を持つべきだ。

薬効も副作用も服用後に現れるから、調剤して終わりでなく、薬を飲み出して数日後に「調子はどうですか」と聞くフォローアップが重要。薬歴を管理し、飲みきれず薬が残ったときは相談を受け、患者と一緒に解決策を考える。これが「かかりつけ薬局」の仕事だ。この役割を果たす薬剤師がいまはまだ少ない。

２０１９年11月に改正医薬品医療機器等法が成立し、服薬期間中のフォローアップが薬剤師の義務となった。これからは患者が良い「かかりつけ薬局」を選ぶ時代になると期待している。機械的に調剤して薬を渡すだけの薬局は淘汰される。

「かかりつけ薬局」で頼れる薬剤師を持てば不必要な通院を防ぐことができる。薬に不満や不安を感じるたびに通院するのではなく、まず「かかりつけ薬局」に薬の相談をするようになる。今も一部の薬局は地域医療の核となり、在宅医療などにも積極的に取り組んでいる。

薬剤師の基本的な役割は①薬剤情報の提供②薬歴管理③処方医への疑義照会④残薬整理

の4つと考えている。役割を果たすことが薬の無駄を省き、医療全体の効率化につながる。そのためには病名、病状、検査結果などの関連情報を医療機関から薬局に提供する仕組みも必要だ。

「薬漬け医療」は昔と比べ減ったが、患者側には薬を処方してもらえば安心という意識が根強く残っている。風邪に効かない抗菌薬の処方などほかの先進国ではあり得ないのに、患者が望むから、と処方する医師がいる。患者が薬について正しい知識を持つことが重要で、そこでも薬剤師が果たす役割は大きい。

医療改革のカギは患者の理解を得ることだ。目指す医療を手掛けるよう医療機関の報酬を増やして誘導すると患者の負担は重くなる。問題は負担増ではなく、それがなぜ必要か説明が足りず、ただ押しつけているように見えることだ。「かかりつけ薬局」を持つと患者負担は少し増える。普及するには、その良さを患者が理解し、実感するようにならないといけない。

# 第2章

# つくられる入院患者

# 1 後期高齢者に広がる「年100万円超え」

## 膨らむ医療費の「単価」

「2025年問題」という言葉がある。この年までに団塊の世代がすべて75歳以上、社会保障制度上の分類である「後期高齢者」となり、医療や介護などの社会保障費が急激に膨らむと懸念されている問題のことだ。厚生労働省によると、2017年度の総医療費は43兆1000億円で、75歳以上は4割の16兆1000億円を占めている。

将来的には国民の4人に1人が75歳以上になるという未知の世界――。75歳になると体調を崩しやすくなり、病気にかかりやすくなる。医療費がかさむのは当然といえば当然だ。しかし、一人ひとりが無駄に高額の医療を受けていないか、1人あたりの医療費は適正なのかといった視点が、当面の2025年問題の衝撃を和らげるためには必要になってくる。

まず全体像を見てみよう。後期高齢者医療制度が始まったのは2008年度だ。75歳になると、健康保険は国民健康保険などからこの制度に移り、かかった医療費のうち医療機関の

**1人あたり医療費は年齢によって異なる**

| 年齢階級 | 1人あたり医療費（円） | 増加額（円） | 増加率（%） |
|---|---|---|---|
| 0〜14歳 | 16万3000 | 3000 | 1.9 |
| 15〜44歳 | 12万3000 | 2000 | 1.9 |
| 45〜64歳 | 28万2000 | 2000 | 0.8 |
| 65歳以上 | 73万8000 | 1万1000 | 1.5 |
| 75歳以上 | 92万2000 | 1万2000 | 1.3 |

（注）増加額・率は前年度比
（出所）厚生労働省「国民医療費」（2017年度）

窓口で支払う自己負担分は原則1割で済むようになる（現役並みの所得者は3割負担）。残りは税金や保険料のほか、国保や大企業の社員が加入する健康保険組合からの支援金で賄う。後期高齢者は収入機会が減る一方で、受診機会が増えるという事情を考慮し、現役世代が下支えする制度になっているのだ。70〜74歳の自己負担は原則2割、70歳未満は原則3割だ。

1人あたり医療費は、患者の自己負担分と健康保険からの給付費の合計で、年代によって大きく異なる。その要因としては、①地域内の受診者数の増加②それぞれの受診回数の増加③平均入院期間が長期化する――ということだけでなく、高額な検査や薬、治療をすることでも高くなる。

厚労省によると、2017年度では75歳以上が92

万2000円で最も高く、最も低い15〜44歳の12万3000円の7・5倍。75歳未満全体の21万7000円に比べても4・3倍に上る。伸び率でみると、75歳以上は2008年度から1・11倍で、全体の伸び率（1・25倍）を下回るが、高齢者の数自体が増えているため、医療費の総額でみると75歳以上の伸び率は1・47倍で、全体の1・24倍を上回る。

厚労省の推計では75歳以上は75歳未満に比べて入院費用が6・6倍で、外来の3・4倍より高く、外来より入院費が医療費を押し上げている。団塊の世代がすべて75歳以上となる2025年ごろには、総額が急増するのは確実だ。

## 75歳以上は医療費1000万円

2017年度推計では生涯で使う医療費は1人あたり2700万円。5歳刻みでは0〜4歳で124万円だが、10代後半までは減少。20代から増え続け、65歳以上で200万円を突破、75〜79歳、80〜84歳でそれぞれ300万円を超え、75歳以上で生涯医療費の4割となる1000万円を費やしている。

子どもの医療費は自治体が患者負担を助成するなど費用負担が軽減されたため受診率が上昇し、伸び率だけみると高齢者を大きく上回る。だが、2017年度の1人あたり医療費で

生涯医療費（男女計、2017年度推計）

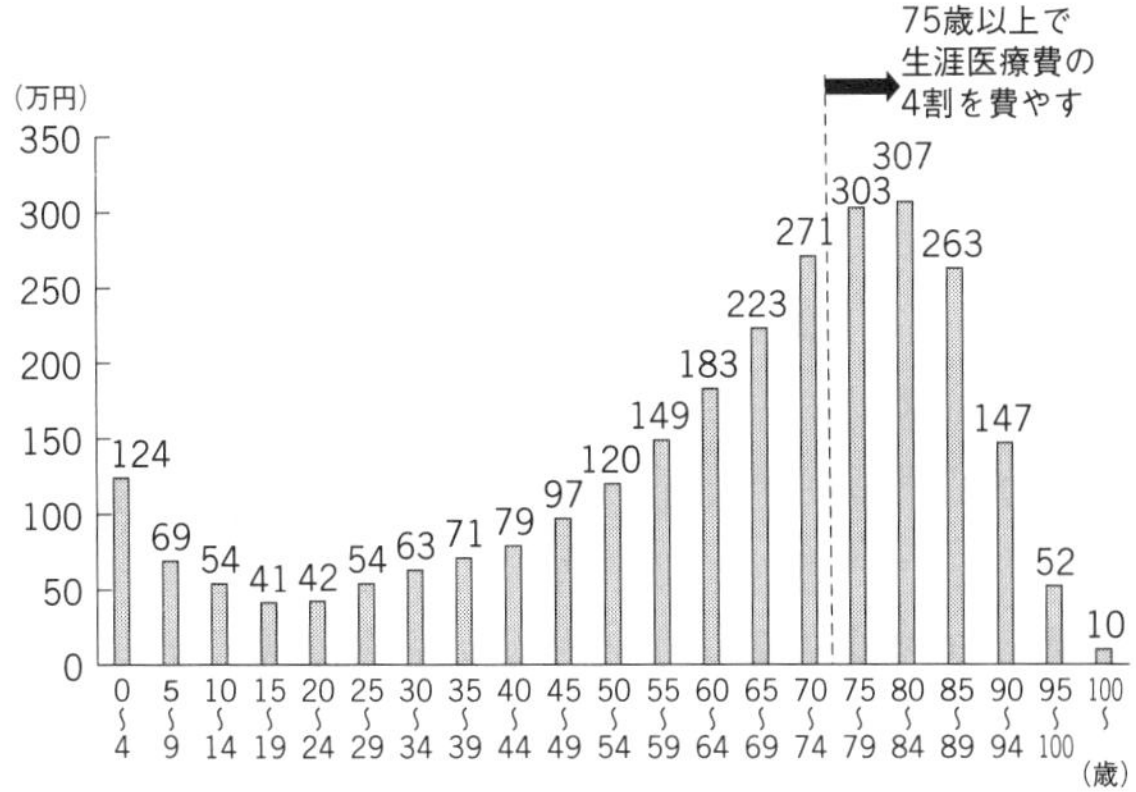


（出所）厚生労働省の資料を基に作成

は14歳以下は16万３０００円で、75歳以上の6分の1にとどまり、医療費全体に対する影響は少ない。２０２２年以降は少子化がさらに進むと同時に、団塊の世代が75歳となるため後期高齢者が急増する。１人あたり医療費の抑制が医療財政の悪化を防ぐカギとなる。

医療財政の破綻を防ごうと、政府は75歳以上の窓口負担を一定以上の所得がある人は原則1割から2割に引き上げる方針だが、医療費も適正にしなければ現役世代の負担は重く、支えきれなくなる。

## 後期高齢者1人あたり医療費のトップは長崎市

日本経済新聞は1人あたりの医療費を無駄に増やさないようにすることが重要だと考え、特に医療費がかさむ後期高齢者の実態を追うことにした。手掛かりは後期高齢者医療制度を47都道府県単位で運営する「後期高齢者医療広域連合」から入手した市区町村別の1人あたり年間医療費データだ。制度が始まった2008年度から2017年度までのデータを取りそろえ、市区町村別にどれほど増えているのかを調べた。その結果からは、病院のベッド数や医師数などが多い地域は相対的に医療費が高くなる傾向が浮かび上がってきた。

2017年度に後期高齢者の人口が1万人以上の403自治体のうち、後期高齢者の1人あたり医療費が最も高かったのは約130万3000円の長崎市だった。全国平均より約40万円も上回っている。

「なぜ長崎市は1人あたり医療費がトップなのか」。長崎市にある長崎県広域連合の事務所を訪れ、広域連合の幹部や長崎市の担当者に理由を聞いた。広域連合の幹部は「長崎県は医師数とベッド数が全国平均より多く、病院に比較的かかりやすい。入院期間が長いのも特徴だ」と説明した。それだけではない。「特に精神疾患向けの病床数が多く、昔からだが『社会的入院』が一定程度発生しているとみられる」と明かした。
病床数、特に認知症の人などを受け入れる精神疾患患者向けのベッド数が多く、「自宅で一人では生活できない」「受け入れる介護施設がない」などの理由で、病院に入院する必要がない高齢者が長期間入院していることが、1人あたりの医療費を全国トップにしているのではないかというのだ。

**2008年度から減った自治体は8%のみ**
**(75歳以上の1人あたり医療費)**

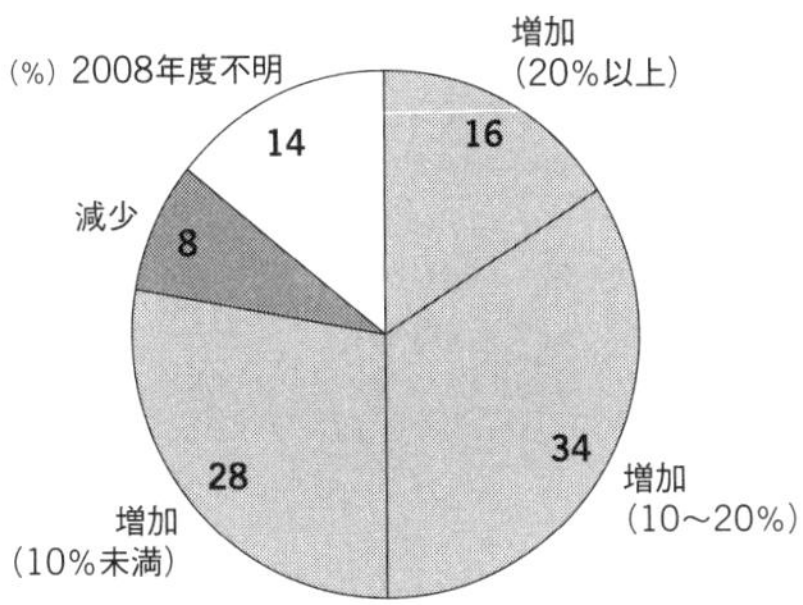


(注) 2017年度の1741市区町村、合併の影響は調整
(出所) 日本経済新聞調べ

## この10年で医療費が減った自治体は8%だけ

長崎市ほど高額に達していなくても、総じて後期高齢者の1人あたり医療費は増加している。市町村合併の影響などを考慮して分析してみると、2008年度から2017年度までに増加していたのは全1741自治体の78%にあたる1358自治体だった。半分の877自治体は1割以上増加、うち287自治体は2割以上も増加してい

**1人あたり医療費ランキング**（17年度、被保険者が1万人以上の403自治体）

| | 自治体 | 医療費(円) | 増加額 | | 自治体 | 医療費(円) | 増加額 |
|---|---|---|---|---|---|---|---|
| 1位 | 長崎市 | 130万2769 | 12万4544 | 384 | 栃木県佐野市 | 75万5736 | 5万5264 |
| 2 | 高知市 | 127万9621 | 11万7006 | 385 | 岐阜県高山市 | 75万635 | 11万9992 |
| 3 | 福岡県大牟田市 | 124万4038 | 11万2025 | 386 | 静岡県島田市 | 74万9391 | 8万9681 |
| 4 | 札幌市 | 122万8258 | 4万8893 | 387 | 新潟県三条市 | 74万7357 | 5万395 |
| 5 | 北九州市 | 121万9400 | 6万7005 | 388 | 新潟県柏崎市 | 74万6004 | 10万9166 |
| 6 | 北海道小樽市 | 121万5159 | 14万8801 | 389 | 三重県志摩市 | 74万4809 | 1万2074 |
| 7 | 福岡市 | 120万5757 | 1万6501 | 390 | 埼玉県秩父市 | 73万9892 | 8万6052 |
| 8 | 福岡県糸島市 | 119万1485 | 7万4823 | 391 | 秋田県横手市 | 73万7086 | 3万4953 |
| 9 | 北海道室蘭市 | 118万2830 | 13万5610 | 392 | 秋田県大仙市 | 73万6774 | 3万7416 |
| 10 | 鹿児島市 | 116万3641 | 17万9523 | 393 | 新潟県燕市 | 73万1469 | 3万3848 |
| 11 | 鹿児島県霧島市 | 114万7623 | 23万2592 | 394 | 新潟県上越市 | 73万901 | ▲1万2017 |
| 12 | 鹿児島県姶良市 | 114万5502 | 12万5533 | 395 | 新潟県長岡市 | 72万2322 | 3万2350 |
| 13 | 福岡県筑紫野市 | 114万3033 | 7万7233 | 396 | 岩手県北上市 | 71万8052 | 9万1243 |
| 14 | 福岡県久留米市 | 113万9717 | 4万8617 | 397 | 宮城県登米市 | 71万1680 | 9万3295 |
| 15 | 福岡県春日市 | 113万6149 | 3万6363 | 398 | 新潟県新発田市 | 70万981 | 6万2654 |
| 16 | 北海道千歳市 | 113万4672 | 9320 | 399 | 新潟県佐渡市 | 70万729 | 3万8922 |
| 17 | 福岡県宗像市 | 113万2696 | 8万3883 | 400 | 宮城県気仙沼市 | 69万6795 | 5万6370 |
| 18 | 兵庫県尼崎市 | 113万1832 | 14万5848 | 401 | 岩手県一関市 | 68万6817 | 7万4146 |
| 19 | 大阪府泉佐野市 | 113万1779 | ▲1万2075 | 402 | 秋田県大館市 | 68万2763 | 1万2842 |
| 20 | 大阪市 | 112万3682 | 2万7797 | 403 | 新潟県十日町市 | 64万3558 | ▲1万5607 |
| ⋮ | | ⋮ | | | | | |

（注）増加額は各広域連合が把握している最も古い年度との差。▲は減

た。減少していたのは１４３自治体（全体の８％）のみだった。

全体の１割強の２４０自治体は２００８年度のデータを把握していなかった。仮に全市区町村の75歳以上の１人あたり医療費を２００８年度以降の最低額で維持できていたとすると、２０１７年度は１兆４０００億円を節減できた計算になる。

問題は自治体間で大き

**増加額のランキング**（17年度、被保険者が1万人以上の403自治体）

| | 自治体 | 医療費（円） | 増加額 |
|---|---|---|---|
| 1位 | 兵庫県丹波市 | 104万9164 | 30万1032 |
| 2 | 鹿児島県霧島市 | 114万7623 | 23万2592 |
| 3 | 鹿児島県薩摩川内市 | 104万1151 | 21万2141 |
| 4 | 茨城県筑西市 | 88万3018 | 20万7814 |
| 5 | 茨城県古河市 | 86万1025 | 18万4978 |
| 6 | 京都府京丹後市 | 89万9662 | 18万3058 |
| 7 | 京都府亀岡市 | 97万5239 | 18万2212 |
| 8 | 京都府福知山市 | 93万3233 | 18万1809 |
| 9 | 熊本県山鹿市 | 98万553 | 18万863 |
| 10 | 鹿児島市 | 116万3641 | 17万9523 |
| 11 | 兵庫県芦屋市 | 105万354 | 17万8263 |
| 12 | 茨城県常陸太田市 | 85万6022 | 17万7067 |
| 13 | 東京都豊島区 | 100万6840 | 17万5399 |
| 14 | 茨城県土浦市 | 87万9588 | 17万4685 |
| 15 | 山口県萩市 | 103万5559 | 17万4607 |
| 16 | 水戸市 | 85万6400 | 17万382 |
| 17 | 茨城県つくば市 | 94万9620 | 16万8550 |
| 18 | 和歌山県海南市 | 96万2907 | 16万6933 |
| 19 | 兵庫県宝塚市 | 101万5640 | 16万4448 |
| 20 | 茨城県笠間市 | 77万9929 | 16万2282 |
| ⋮ | | ⋮ | |

| | 自治体 | 医療費（円） | 増加額 |
|---|---|---|---|
| 384 | 大阪府箕面市 | 98万3458 | ▲6492 |
| 385 | 大阪府河内長野市 | 100万9101 | ▲6878 |
| 386 | 広島県福山市 | 98万1816 | ▲8629 |
| 387 | 大津市 | 98万8530 | ▲9155 |
| 388 | 埼玉県三郷市 | 88万6235 | ▲9479 |
| 389 | 北海道苫小牧市 | 100万5524 | ▲9606 |
| 390 | 新潟県上越市 | 73万901 | ▲1万2017 |
| 391 | 大阪府泉佐野市 | 113万1779 | ▲1万2075 |
| 392 | 新潟県十日町市 | 64万3558 | ▲1万5607 |
| 393 | 大阪府羽曳野市 | 97万2456 | ▲1万6188 |
| 394 | 大阪府寝屋川市 | 98万9559 | ▲1万8632 |
| 395 | 大阪府和泉市 | 105万3443 | ▲1万8826 |
| 396 | 千葉県四街道市 | 77万9145 | ▲2万2339 |
| 397 | 三重県桑名市 | 86万5712 | ▲2万2353 |
| 398 | 千葉県流山市 | 85万2020 | ▲2万2394 |
| 399 | 広島市 | 109万5632 | ▲2万4105 |
| 400 | 大阪府門真市 | 99万4500 | ▲2万7417 |
| 401 | 広島県廿日市市 | 106万771 | ▲2万9127 |
| 402 | 大阪府守口市 | 99万5533 | ▲2万9800 |
| 403 | 那覇市 | 108万9016 | ▲5万6568 |

（注）増加額は各広域連合が把握している最も古い年度との差。▲は減

な格差があることだ。

75歳以上が1万人以上の403自治体で分析すると、自治体間の格差は最大で約66万円もある。増加額、増加率ともに最大だったのは兵庫県丹波市。2017年度は約104万9000円で2008年度から約30万円増加し、増加率では40％増えた。丹波市の担当者は「自宅で亡くなる人の割合（在宅死）が全国平均より低い。自宅で

はなく、病院で亡くなることで、終末期医療の費用が増えた可能性がある」とみている。

全国でみると、病床数が多い北海道や西日本は高額で、病床数が少ない東北は低額となる傾向もみられた。約１３０万３０００円と全国で最も高かった長崎市を含め７市が１２０万円を超えていた。一方で、最も低い新潟県十日町市（約64万４０００円）など４市は70万円を下回った。２０１７年度に市区町村の１人あたり医療の最大格差は約２・02倍で、08年度の約１・92倍から広がっていた。

## 新潟県は高齢者が医師にかかる割合が低い

新潟県は５市が下位10位以内で、県全体も約75万２０００円と全国最低となっている。新潟県広域連合は「高齢者が医療機関を受診する割合が低い。特に入院費は全国平均より10万円以上低い」としており、長崎市とは逆に入院にかかる医療費が少なく、１人あたり医療費が低くなっていると分析する。予防医療が普及する長野県佐久市も約80万８０００円と低く、健康診断の強化も医療費を抑制する効果がありそうだ。

こうした医療費が少ない自治体もあるなか、「医師数と病床数が多く、入院期間が長期化している」「必ずしも医療が必要でない社会的入院が発生している」という長崎県広域連合は1人あたり医療費全国トップの長崎市もカバーする。今後の対応をどのように考えているのだろうか。

広域連合の幹部は「健診など保健事業を推し進めることで、重症化を防ぎ、コストを抑えるのが基本方針だ」と説明する。

ただ、長崎県は65歳以上から74歳未満の前期高齢者の段階で1人あたり医療費が非常に高いという。広域連合幹部は「75歳になってから医療費の抑制の対策をしても遅い」と首を振り、「我々の担当ではないが、75歳になる前の段階から対策をとっていくことが必要」と話した。

## 「司令塔」が役割果たせず、同じ県で2倍以上の市町村格差も

まさにこの点に後期高齢者医療制度の大きな課題がある。制度を運営する広域連合が、75歳未満の前期高齢者の多くが加入する国民健康保険を運営する自治体との連携不足で司令塔の役割を果たしていないのだ。

日本経済新聞の調査では、2017年度の1人あたり医療費では、北海道、東京都、高知県、沖縄県は市区町村で2倍以上の開きがあった。医療費が増えても会社員の保険料などで

国民皆保険は後期高齢者を働き手の支援と税金で支えている

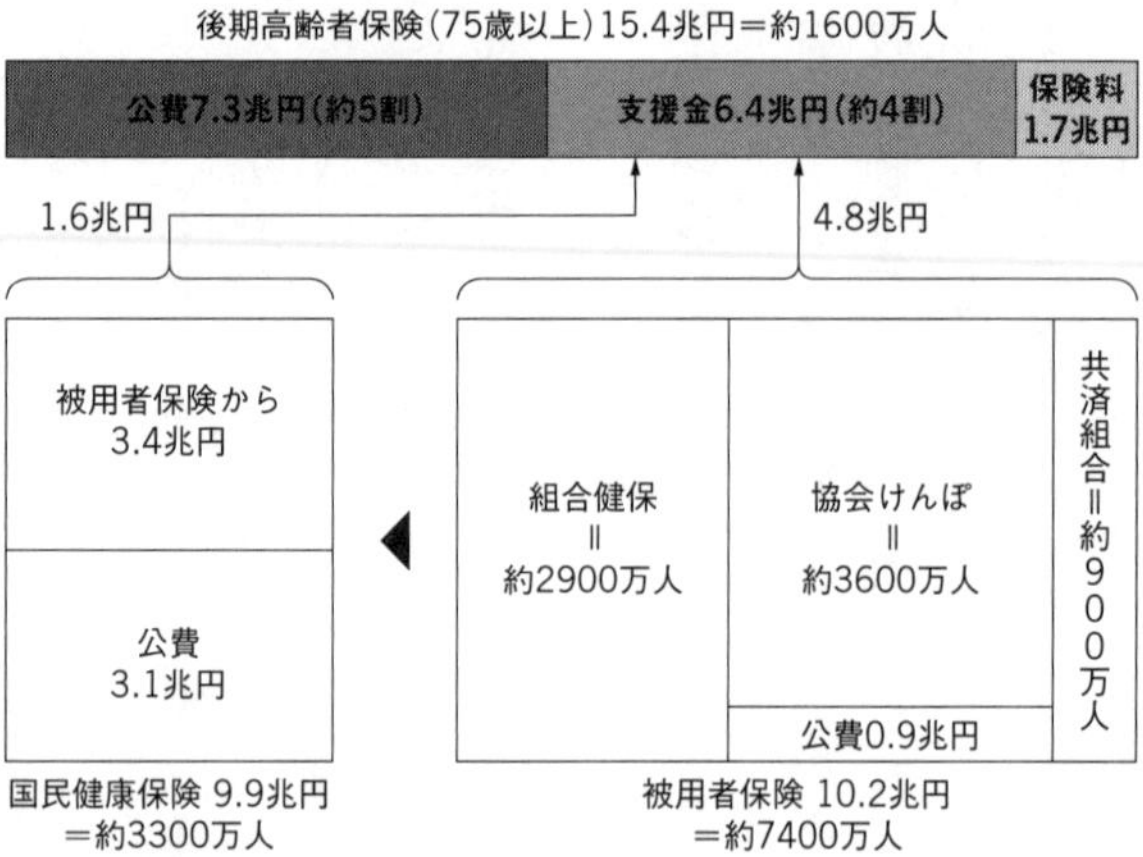


（注） 2017年度予算ベース
（出所） 厚生労働省のホームページ

運営する健康保険組合を中心とする支援金で補填されるためコスト抑制は浸透していない。

都道府県単位で1人あたり医療費が最も高かったのは福岡県。県内格差は1・29倍と小さいが、全市町村で100万円を超えた。県全体としても2002年度から16年連続で最も高い状態が続いている。

福岡県の広域連合の担当者は医療費が高い理由として、①医療機関数が全国平均を上回り、病床数や医師数などがほかの都道府県より充実している②高齢者の単身世帯が多く、家庭での介護力が比較的弱く、在宅療養よりも入院しやすい傾向がある③長期療養が必要な疾患を抱える患者の受診率が高く、入院が長期化しやすい④自宅で最期を迎える人の割合が少ない⑤高齢者の就業率が低く、体力や精神面が低下しやすい――という5つの要因が結びついた結果と推察している。

ただ、こうした課題を解決するため、県内の市町村との連携ができていない。たとえば、全国の広域連合が医療費の抑制策として力を入れている「糖尿病性腎症」の重症化予防だ。重症化して慢性腎不全に陥ると、年間数百万円の人工透析が必要となり、医療財政を圧迫する。

重症化予防では、広域連合から委託を受けた市区町村の保健師が高齢者の自宅で個別指導するが、2016年度に始めた福岡県では60市町村中、委託したのは2019年11月末時点で15自治体のみ。未対応の福岡市は「74歳までの国民健康保険の事業に人手が割かれ、後期高齢者まで手が回らない」(保険年金課)と語る。

政府は後期高齢者医療制度をつくる際、運営主体として市区町村を想定していた。だが市区町村は自治体財政への悪影響を懸念し反発、都道府県も同様に引き受けなかった。そこで市区町村が加入する「広域連合」という中間的な組織を都道府県単位に設けることで決着した経緯がある。

このため都道府県、市区町村ともに責任が曖昧で、さらに75歳の前後で医療政策の司令塔が変わるという、いびつな構造になった。

## なぜ地域差を「見える化」できないのか

保険料は都道府県単位で一律のため、市区町村の国保は保健師などを活用してまで後期高齢者の医療費を下げる利点が少ない。後期高齢者医療制度で赤字になれば、国保からの支援金や自治体の公費負担が増えるものの、会社員の保険料などで運営する健康保険組合や協会けんぽなどのほか、国の税金からも補塡されるため、財政規律は緩んだままだ。

広域連合が対策をとるには保健師などを多く抱える市区町村の協力が必要だが、多くの市区町村は「後期高齢者の対策は広域連合の所管」というのが本音だ。広域連合も都道府県単位の市区町村の寄り合い所帯で責任意識が薄い。

医療費の適正化のためには、地域差を「見える化」し、高額な地域の対策を促す必要がある。だが「自治体間の格差は分析していない」という広域連合も多く、地域主導という制度創設時の理想にはほど遠い。

九州大学の尾形裕也名誉教授（医療経営）は「後期高齢者医療制度は5割が国や都道府県

などからの公費、4割は中小企業などが加入する協会けんぽや、大企業がそれぞれ運営する健康保険組合などからの支援金で、保険料は1割しかない。独自性のある運営を求めても、財政的な制約があり、『保険者機能を発揮しろと言われても……』というのが広域連合側の本音ではないか」とみる。

「後期高齢者だけを集めて独立方式で運営しているいまの制度は変えた方がいい」という尾形教授は「かつて老人保険制度は市町村単位で運営していた名残で、広域連合のメンバーは市町村職員が多いが、本来は後期高齢者医療制度に公費を投入し、都道府県単位の医療計画などを策定している都道府県がリーダーシップを発揮して運営に関与すべきだ」と提言している。

# 2 過剰ベッド減らぬ病院、5年で14%増える

## 東京と埼玉でかみ合わない主張

「患者の大半は区域外から来るのだから、区域内で協議しても意味がない。時間の無駄です」

「（当院は）電車利用で1時間半以内を地域と意識しています」

2018年7月。東京都心区域（区中央部）にある病院が集まり役割分担を話し合う「調整会議」に参加した病院代表からはこんな声が相次いだ。

この区域は手術などを受ける急性期の重症患者向けの病院ベッド（病床）が2025年に必要とされている数を2割上回っている。空きベッドが増えている病院も多い。それでも病院側は「区域外から入院患者を受け入れるから、区域内の医療需要の予測をあてはめるのはおかしい」と反発する。区域内の過剰ベッドをどう見直すかの議論に入れない。

では東京都心の病院に入院する県民が多い埼玉県はどうか。実は将来の入院需要は想定よ

り増えると見て病院整備を急いでいる。「勤めている間は東京都心の病院に入院する人も、退職して年をとれば自宅近くの病院に入院するようになる」（埼玉県保健医療部）と見ているからだ。

東京都心と埼玉県で、それぞれ関係者の主張はかみ合わない。これは首都圏に限った話ではなく、病院ベッドの過剰感が強まっているのは、全国に共通した現象だ。

**病床過剰率は2割を突破**

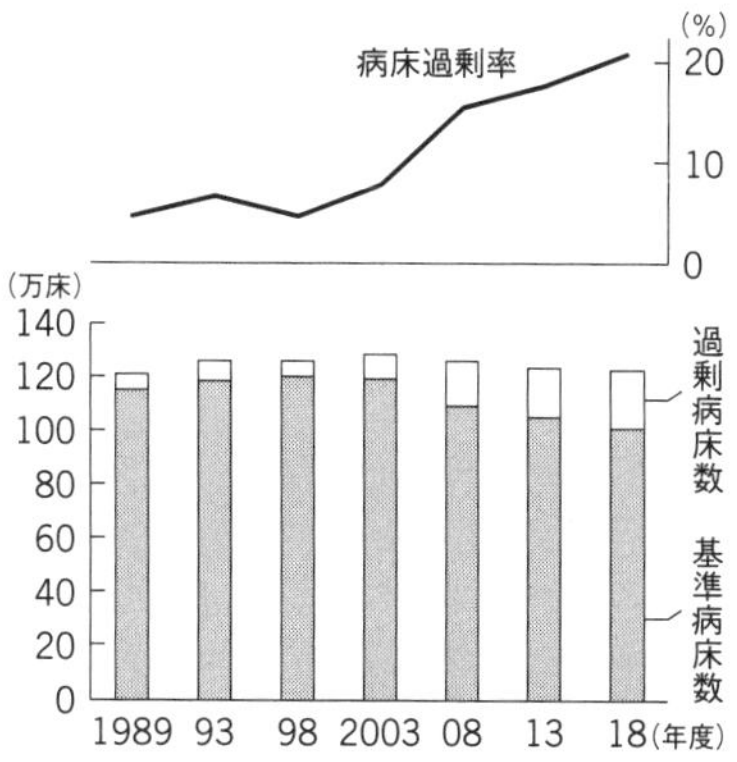


（注）都道府県、厚生労働省の資料に基づき日本経済新聞が作成。病床過剰率は過剰病床数を基準病床数で割って算出

日本経済新聞が都道府県の医療計画を調べたところ、必要数を上回る病床は2018年度に計21万1000床と、2013年度比で14%増えていたことが判明した。超過割合は2割台に乗った。地方では人口が減り、不要になった入院費が高い重症者向けベッドを抱え込んでいる。当面は高齢者の流入が続く都市部でも、重症者向けベッドから高齢患者に必要なリハビ

リ用ベッドへの転換が進まない。実際の需要に合った適正な病床数にしないと医療費は一段と膨らむ。

国民医療費42兆円のうち入院医療費は約4割。ベッドが余ると患者を入院させる動機が働きやすく、無駄な医療需要を生むとの指摘が多い。このため都道府県は6年おきにつくる医療計画で、住民の年齢構成や入退院実績などから需要に即した必要数（基準ベッド数）を示している。

日経新聞は必要数に対する実際の病床数の超過割合を「病床過剰率」として算出した。2018年度の実際の国内病床数は122万8000床。過剰率は21％と2013年度比3ポイント上昇した。入院需要が落ち込み必要数が3％減る一方、実際の減少幅が1％にとどまったからだ。過剰病床は2013年度の18万5000床から2万6000床積み上がった。過剰率が5％弱だった20年前から増え続けている。

## 全国44都道府県で病院のベッドは余っている

自治体別では、宮城、埼玉、兵庫を除く44都道府県が過剰で、うち半分で過剰分が増えた。北海道、大阪、福岡は3割以上膨らんだ。

ベッドが余るほど医療費が高くなる傾向に
(医療費は年齢調整済みを比較)

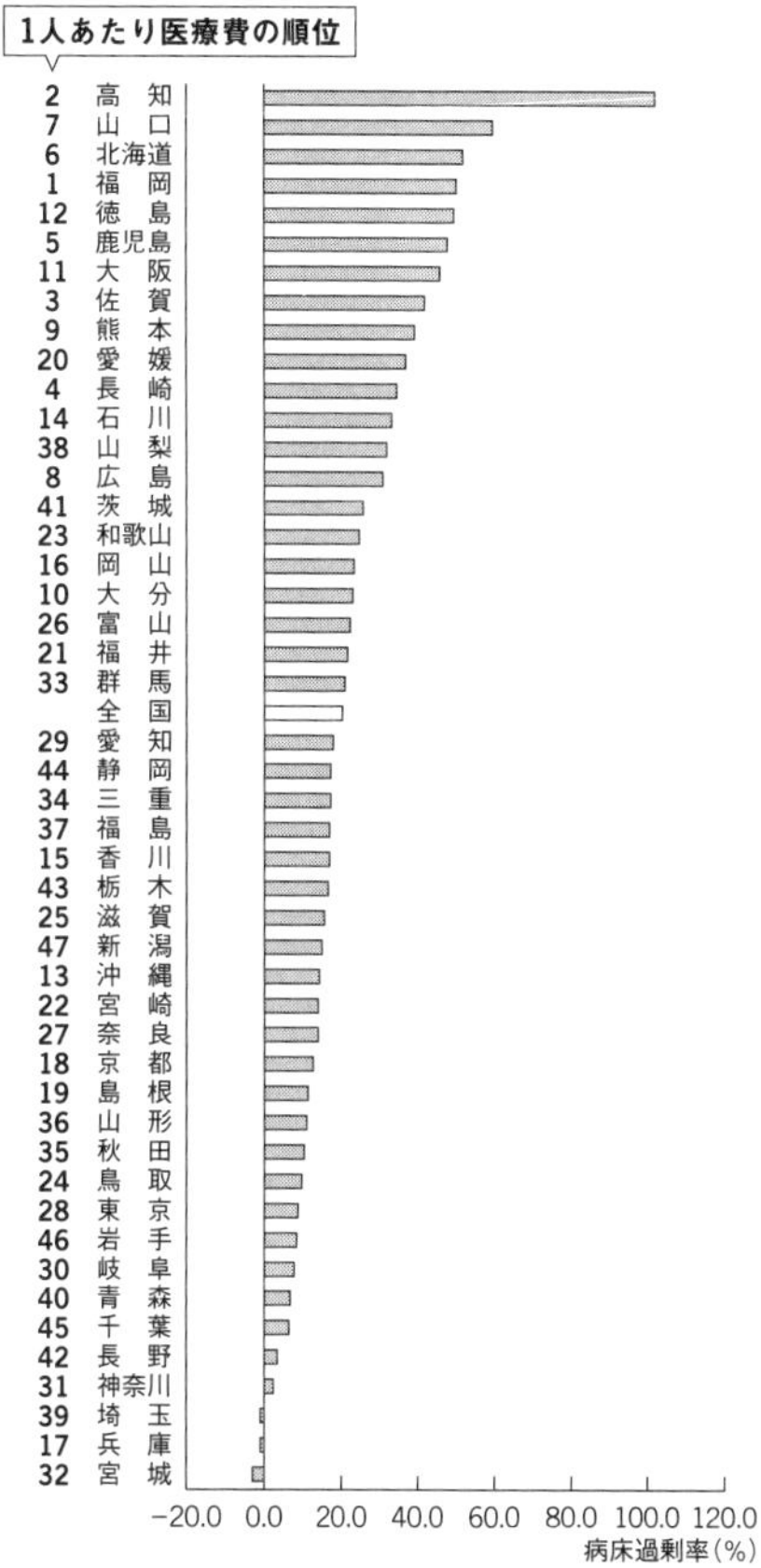


(注) 病床過剰率は各都道府県が公表する7次医療計画より日本経済新聞が算出。1人あたり医療費の順位は2016年度の各都道府県の国民健康保険と後期高齢者医療費の合算ベースで年齢調整済みを比較

千葉県はひとつ前の計画途中で、必要なベッド数を独自に下方修正した。将来の人口動向を見据えた判断だ。これにより銚子市など北東部は過剰と判断されたが、基準改定が決まると、改定基準が適用される前年に域内の病院が駆け込みで100床増やした。この地域は約

1000床も過剰だ。

医療の需給変化のスピードに規制が追いつかず既得権を生んでいる面もある。

1人あたりベッド数が全国1位の高知県では、ベッド数が5年前より減ったが、人口減少の方が急なため1人あたりベッド数は増えた。すでに県全体のベッド数は2025年の必要数の約1・3倍。長い間、病院のベッドが介護ニーズの受け皿として介護施設の機能を代替してきたためだ。本来の受け皿である介護施設の受け入れ数は少ない。

法政大学の小黒一正教授は「過剰なベッド自体が医療需要をつくり出す」と指摘する。外来の通院と異なり、入院の必要性や期間は本人より病院の判断が大きく左右する。ベッドが余ると、病院が外来で済む患者を入院させたり、必要以上に長く入院させたりする誘因となる。

都道府県別の病床過剰率を算出すると、過剰率が高いほど医療費も高いことが見えてきた。首位の高知県は直近の入院患者の平均入院日数が21日と最長だ。地域の年齢構成の違いを平準化した1人あたり医療費は2位だった。病床過剰率が2、3位の山口県、北海道も医療費がかさんでいる。

## リハビリ用ベッドへの転換は進まない

超高齢社会を見据えれば病床の役割を変えていく必要がある。

政府は団塊世代が75歳以上になる２０２５年を照準に、高齢化で変わる医療需要に対応するための「地域医療構想」を掲げた。手術など重症者向け「急性期」ベッドを減らし、リハビリなどを施す「回復期」ベッドに切り替えるのが柱だ。急性期ベッドは医師や看護師の配置が手厚い大病院に集め、救急対応の効率を上げることを目指す。

こうした医療体制の再構築で２０２５年の必要ベッド数は２０１８年末より約７％減ると政府は推計している。過剰な急性期ベッドからの切り替えで回復期ベッドの比率は３割強に高まることが前提だ。だが２０１８年末時点の回復期ベッドの比率は12％にとどまり、急性期の過剰ベッドは放置されている。

問題は都道府県がつくる地域医療構想の具体策が進まないことだ。各区域で病院の役割分担を進めるはずの調整会議が機能していない。２０１６年の発足以降、ベッド削減など対応が決まった医療機関は全国１万４０００カ所のうち１１７カ所（２０１７年末時点）と、全体の１％にも満たない。

調整会議の話し合いが競合している医療機関同士に委ねられていることも前に進まない一因だ。自らの病院のベッドを急性期から回復期に切り替えることに、多くの病院は抵抗する。入院代が回復期ベッドより高い急性期ベッドを減らすと病院は減収になると懸念するからだ。

病院間の調整は都市部の方が難しい。自治体病院、公的病院（日本赤十字や済生会など）、国立大学病院、私立大学病院、私立病院など、設置主体が異なる病院が地域内に林立しているからだ。地域内の調整会議で議論しても、「本部と相談しないと決められない」と、個々の病院が独自に判断できないケースが多い。

病院のエゴを排し、調整会議を機能させる突破口は何だろうか。「地域住民代表の参加も増やす必要がある」と、ニッセイ基礎研究所の三原岳准主任研究員は指摘する。

そのためには、地域内の個々の病院の手術などの実績を比較できるように「見える化」することが大事だ。個々の病院の実態が分かれば、住民の病院選びの一助となり、調整会議で住民の意見を反映しやすくなる。自ら規模縮小や再編・統合に踏み切る病院も増えてくるだろう。

自治体が率先して病床再編を促した先行事例は奈良県にある。2017年に独自の急性期の基準を策定。手術や救急入院の実績が基準をクリアしているかどうかを報告させ、少ない場合はリハビリ機能の充実を求める仕組みに変えた。名ばかりの急性期病院の実態を「見える化」することで、病院間でベッドの削減・再編の協議をしやすくなるよう、背中を後押しした。

日本総合研究所の飛田英子主任研究員は「今は団塊世代の高齢化により高齢者の医療需要は旺盛だが、2040年以降は高齢者人口が細り、日本全体の医療需要そのものが落ち込む。そうなる時期をにらんでいまから医療体制を集約する必要がある」と訴える。

## 大病院の4割弱で入院患者数は減少している

これまで見てきたベッドの過剰問題は、それほど規模が大きくない病院に限った話だと思うかもしれないが、実態は違う。

重症者向け大病院の入院患者数は、この5年で4％減ったことが日本経済新聞の調べで判明し、過剰ベッドは患者が集まりやすい大病院にも広がってきたことが分かったのだ。今後も医療需要が想定以上に落ち込み、病床の需給バランスは一段と崩れる懸念がある。

全国に約7300ある病院の約2割は、公的医療保険から受け取る基本入院料が1日あた

大病院の延べ入院患者数は減少

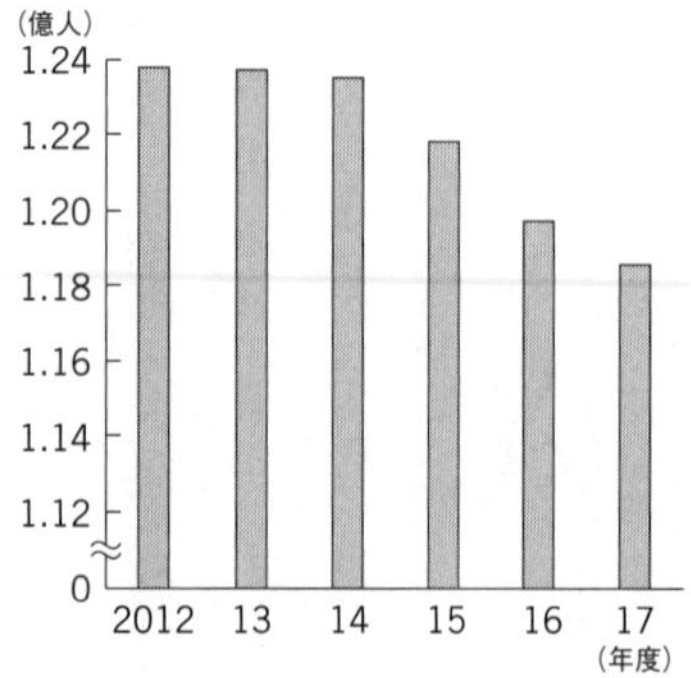


(出所) 日本経済新聞推計

り定額制の「DPC」病院だ。DPCの制度は過剰検査や診療のバラツキを抑える狙いで2003年にスタートした。出来高払いだと検査など診療行為が増えるほど報酬も増えるが、定額制であれば診療を増やしてもコストだけが増えて収支が悪化する。定額制にすれば、病院はコスト抑制に努めるという見立てがあった。

DPC病院は大学病院など大病院が多く、手術など重症の急性期の患者が入院している。そのベッド数は急性期ベッド全体の7〜8割を占める。DPC病院は詳細なデータを開示しており、患者の実態が見えやすい。DPC病院の入院件数に平均入院日数を掛けた「延べ入院患者数」をはじくと、ベッドの埋まり具合が分かる。2012〜17年度の継続データがある1743のDPC病院の延べ入院患者数は4%減っていた。

原因は主に2つある。ひとつ目は医療が高度になり、平均入院日数が短くなっていることだ。身体への負担が小さい腹腔（ふくくう）鏡手術の普及や、新薬の開発で以前なら必要だった手術が不要になるというケースだ。

ふたつ目はDPC病院が受け取る診療報酬は入院日数が長いと減額される仕組みに変わったことが大きく影響した。患者が集まる病院では報酬の減額を避けようと早めに退院させたり、入院対応だった治療を外来に切り替えたりする動きが広がった。大学病院など高度医療を担う219病院の4割弱は入院患者数が減った。

背景には地域の入院需要とのズレが潜む。患者の高齢化で需要が増えているのは重症者向け急性期ベッドではなく、リハビリなどで身体機能を回復させる回復期ベッドだ。だが、大病院はいまも診療報酬が高い重症者向け急性期ベッドばかり抱えている。

急性期の病棟で空きベッドが増えると減収となる。DPC病院の入院代は定額制が基本だが、出来高払いの部分もあるため、減収を避けたい病院には出来高払いの診療を上乗せして過剰に診療する動機が働く。放っておくと、1人あたり入院費が必要以上に増えかねない。

都市部で病床機能を見直す動きは鈍い。東京都の13の大学病院のうち東京女子医科大、慶應大など8病院は延べ入院患者数が減ったが、23区内で空きベッドを1病棟にまとめて「休棟」した病院はない。「休棟」が続くと認可ベッド枠の返上を求められるからだ。

地方では身の丈に合わせて体制を見直す病院もある。

新潟県立新発田病院は空きが増えた重症者向けベッドの一部について、在宅復帰を目指す高齢者向けの「地域包括ケア」ベッドに切り替えた。

福岡大学病院や久留米大学病院は病棟ごと「休棟」に踏み切った。いずれも病棟内で空きベッドが増えて収支が厳しくなっていた。入院患者が減っても病棟を開いている限りは光熱費や清掃費などの維持費がかかり、看護師も病棟単位で配置しなくてはならない。病棟ごと閉じた方がコストを抑えられる。

延べ患者数が増えた病院で目立つのは再編統合で拠点病院となったケースだ。たとえば福島県の会津総合病院は経営難の県立2病院が再編統合し、ベッドを集約した。

ただ、再編統合で重症者向けベッドを拠点病院に集約する抜本的な動きはまだ少ない。ベッド過剰地域でもすでにある認可ベッド枠は守られるため、病院は「いつかベッドは埋まる」と空きベッドを抱え込みがちだ。結果的に非効率な体制が温存されやすい。

日本の入院受療率は介護保険導入前の1999年から2014年までに1割近く減った。一方でベッド数（一般と療養の合計）はほぼ横ばいのままで空きベッドが増えている。空きベッドが増えたＤＰＣの大病院は患者集めに走り、玉突きのように中小病院のベッド余剰が加速している。重症者向けだけでなく療養向けベッドの需要も介護施設に移っている。医療情報分析のメディチュア（東京・世田谷）の渡辺優代表は「医療の高度化で入院の短期化傾向は今後も続く」と指摘する。

都道府県が２０１６年末までに策定した「地域医療構想」が盛り込んだ２０２５年に必要なベッド数は、２０１３年当時のベッド利用率を前提にしている。その後も費用が高い重症者向けの利用率は下がっており、見通しは甘いと言わざるをえない。膨らむ余剰ベッドを放置すると医療費の上振れ圧力となり、増税や保険料引き上げで現役世代にツケが回る。

既得権益が絡む医療体制を打破するには、大胆な発想が国や自治体に求められる。地域需要の変化に対応する医療機関を評価するように診療報酬を見直す工夫も必要だ。

## 「7対1ベッド」導入失敗で医療費2兆円上振れ

個々の病院の判断に委ねたため歩みが遅い「地域医療構想」と比べると、診療報酬は病院の診療行動を変える効き目が大きい。ただ、それだけに使い方を間違えたときのダメージも大きい。典型的な失敗例として２００６年度の診療報酬改定で導入した「重症患者向け高報酬ベッド」の顛末は、医療関係者の記憶に長く残るだろう。

一般ベッドの6割が重症者向け「7対1」
（看護師の配置別）

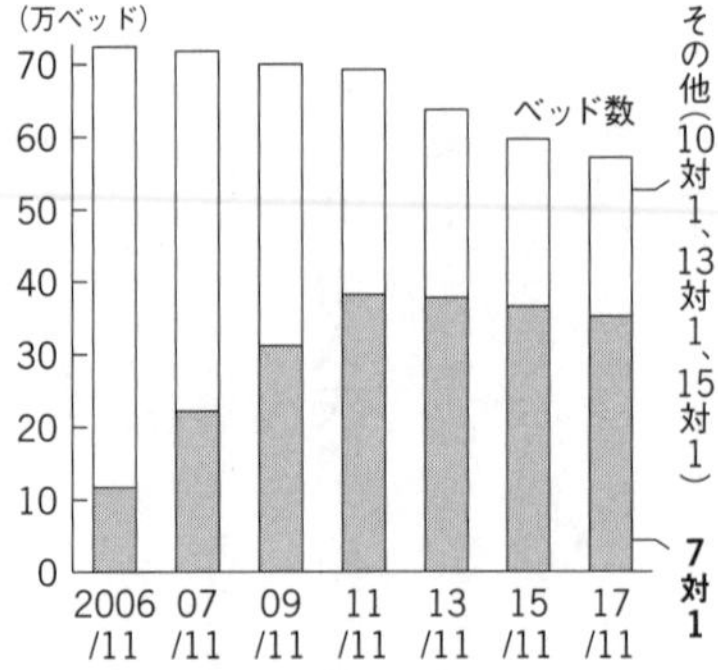


（注）地方厚生局データから日本アルトマーク集計

「高報酬ベッド」とは患者7人に看護師1人を配置する「7対1ベッド」を指す。基本の報酬額はそれまでの最高報酬額「10対1」（患者10人に対し看護師1人）のベッドより2割ほど高い。

厚労省は導入時に「7対1」ベッドは重症患者向けとしていたが、基準は看護師数だけで患者の状態は問わなかった。このため看護師さえ増やせば2割増収になると「7対1」に移る病院が急増。厚労省が想定していた5万ベッドはすぐに超え、一般病院で最多のベッドになった。一時は約38万床に達した。

2006年度の導入時、「7対1」ベッドへの一般の関心は低かった。注目されたのはマイナス3・16％と過去最大の診療報酬改定の引き下げの方で、医療費抑制効果を4500億円と政府は公表したものだ。

ところが想定外の「7対1」の急増で医療費は上振れし、抑制効果は帳消しとなった。

「想定を超えた30万ベッドが過剰分と試算すると10年で2兆円超の医療費が余計に使われた」と武久洋三・日本慢性期医療協会会長は言う。

「7対1は重症者向けなのに、容体の安定した患者が多く寝ている」。実態調査ではこんな実態が表面化し、厚労省は基準を厳しくした。ベッドの一定割合は常時ケアが必要な患者であることなどの条件を基準に追加した。基準を満たせない病院は空きベッドが増えるから諦めて「10対1」に戻ると見込んだ。

基準の厳格化という「北風」に病院は必死で抵抗する。入院途中で患者を同じ病院内の別病棟に移すなどあの手この手で基準をクリアし、いったん手にした「最高報酬ベッド」の看板を維持しようとした。財務省によると2016年度の診療報酬改定での基準上げで7対1ベッドは9万床減るはずだったが、実際は1万床強しか減らなかった。

## 「最高基準」プライドが壁に

「最高基準のケアを意味する『7対1』の看板を下ろせば、病院の評判に響く」とある中堅病院院長は話す。2軍落ちのような印象となり、研修医や看護師も集めにくくなるという。以前は「10対1」が最高基準だったが、覆水盆に返らず、だ。

問題は個々の病院にあるのではなく、報酬評価の基準を看護師の数とし、患者の実態やケアの成果を後回しにした制度にある。誤った基準に病院が適応して実態とズレが生じ、ツケはじわじわ国民負担に回る。

「診療報酬の見直しでは医療費への影響を吟味することが重要だ」と聖路加国際大学の池上直己特任教授は指摘する。個々の病院が努力することによって、医療全体の費用対効果を向上させる仕組みづくりが必要になる。

## 3 寝るだけ、服薬だけ……海外より長引く入院

### 日本の入院日数は米・英・仏の3倍

寝ているか、飲み薬だけ――。手術前に通院で済ませられるのにかなり前もって入院したり、手術後も経過観察のために長く入院したりするケースがある。患者が要望することもあるが、病院側がそのように対処していることが多い。検査も診療も施すわけでもないのに、

むやみに入院が長引くと、その分だけ医療費は無駄にかかってしまう。

そもそも日本は病気やケガのあとにすぐ受ける治療である「急性期」の入院日数が海外よりも長いと言われてきた。経済協力開発機構（OECD）の2017年のデータによると、日本の急性期の入院日数は16・2日。2位ロシア（9・3日）の1・7倍、3位のドイツ、韓国（いずれも7・5日）の2倍以上。5～6日で収まる米英仏とは3倍近い開きがあり、日本人は統計上、急性期を脱するのに非常に長い時間がかかっているのだ。

**各国の急性期病床の平均入院日数**

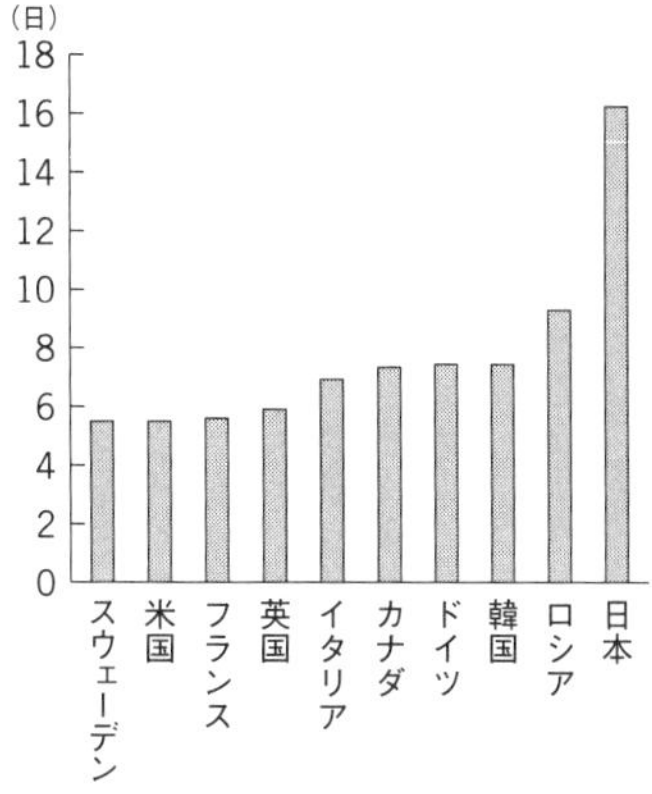


（出所）OECD

急性期とは発症後の短期間に集中的・専門的な治療を要する入院医療のことだ。病院のベッド区分としては重症者向けとなり、看護師を手厚く配置するため入院医療費（診療報酬）は高く設定されている。

急性期を脱した患者は退院するか、リハビリなどを施す「回復期」や、長期療養に対応する「慢性期」に対応したベッドに移ることになっている。

日本は急性期ベッドが過剰で、空いたベッドをそのままにしていると病院経営の収支が悪化するため、できるだけ埋めようとする心理が働く。それならば、もともと不足している回復期のベッドに切り替えればいいはずだが、病院の診療報酬水準は急性期の方が高く、医療スタッフも急性期志向が強いため、切り替えには慎重な病院が多い。

ここに一人ひとりの入院が長引きがちな要因がある。

## 1割は服薬のみ、年8900億円の負担

日本経済新聞は医療コンサルティング会社のグローバルヘルスコンサルティング・ジャパン（GHC）と共同で、その実態を探ってみた。すると、寝ているか薬を飲むだけの日が約1割に及ぶことが分かった。それにかかる医療費は推計で年9000億円近くに達する。空きベッドを減らしたい病院の思惑が入院の長期化につながっている面が浮かび上がってきた。

入院医療費が1日あたり定額の「DPC制度」を導入した121病院での2018年10月の入院診療データ（8万5333症例）について、検査や医師の診察も受けない入院日数を

分析した。対象の病院は規模が大きく、平均入院日数は13・8日と病院全体に比べ短い。それでも入院期間のうち、薬を飲むだけの日は1・2日（8・4％）、薬もない日は0・3日（2・1％）あった。合わせた1・5日（10・5％）が服薬以下といえる。

このデータから全国の急性期全体の服薬以下の入院日にかかる費用を試算すると、年8900億円。うち1900億円は服薬もない日の費用となる。入院を短くできれば医療費も節約できるが、病院が自ら是正に動くことは期待しにくい。

## 空きベッドを減らしたい病院の戦略とは

急性期向けのベッドは患者がいれば治療や診察、服薬の有無にかかわらず、病院には1日あたり2万4000円以上の定額報酬が入る。逆にベッドが空けばゼロだ。患者がいなくても看護師などの人件費はかかる。慶應大学の土居丈朗教授は「増収のため、入院を長引かせよと病院の会計部から指示されると多くの医師から聞いた」と話す。

空きベッドを減らしたい病院ほど入院を早め、退院を遅めにする傾向がある。たとえば、検査や診療を行わない土曜・日曜日もベッドが埋まるよう手術前週の平日に入院させたり、退院日を月曜にしたりする。逆に常時ベッドが埋まる病院は患者を手術前日に入院させ、検

**大腸がんの手術前・術後の入院日数はこんなに違う**（腹腔鏡下結腸がん手術）

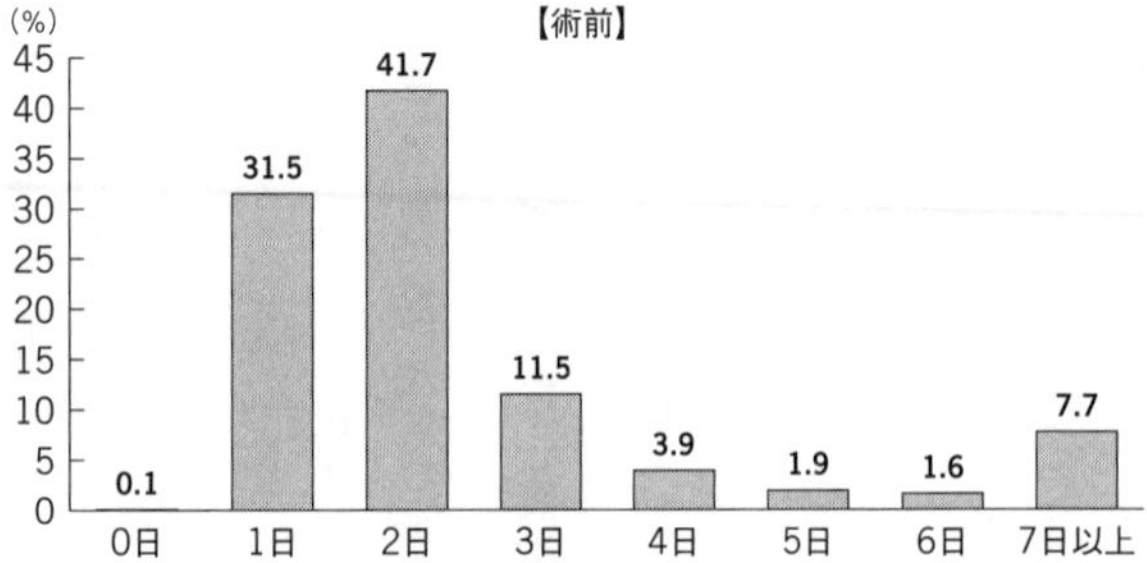


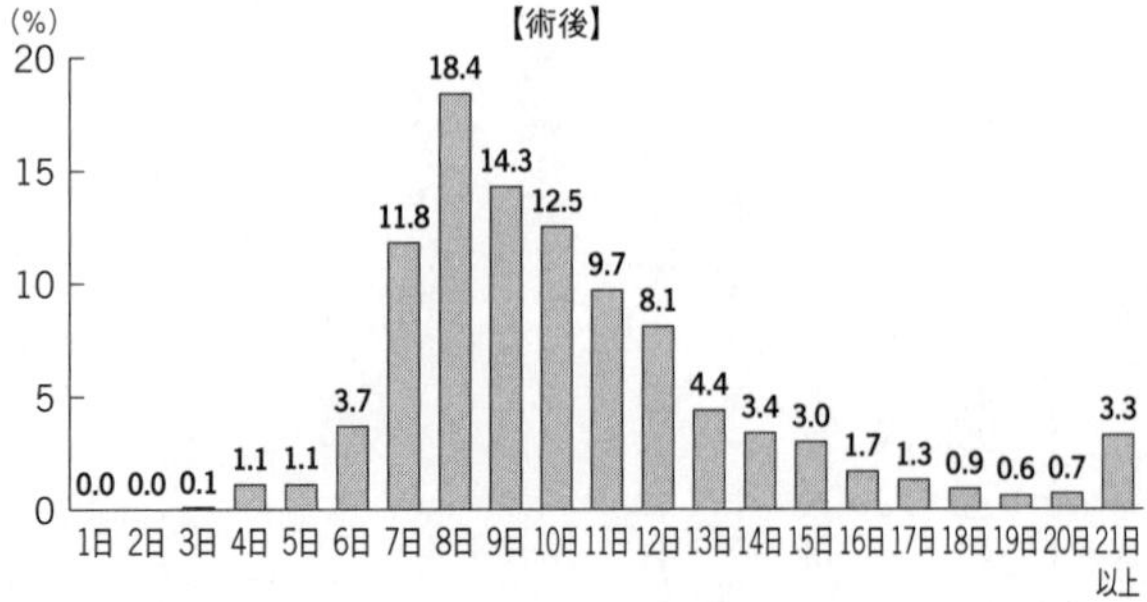


（出所）グローバルヘルスコンサルティング・ジャパン調べ。121病院の2018年の3352手術データ

査は入院前の外来で済ませることが多い。その方が検査費を入院費とは別に請求できて稼げるからだ。

具体的にどのくらいの差がつくのだろうか。

治療が標準化されており、本来であれば入院日数に差が出にくい腹腔鏡下結腸がん手術（121病院、2018年）で比べてみたところ、入院費が高い上位3分の1の患者群は薬を飲むか寝ているだけの日が2・2日で入院期間は16・5日だった。これに対して入院費が下位3分の1の患者群では、薬を飲むか寝ているだけの日は1・4日で、入院期間は12・0日だった。入院日数で4・5日もの格差が生じているのだ。

患者が入院を開始した時期については3割が手術の「前日」だった一方、4割は「2日前」、3割は「3日以上前」となっていた。手術から退院までの日数はさらに差が大きい。手術から退院までの日数の最短は術後3日目で、1割強が「術後1週間以内」だが、5割強は「9～14日」だった。残る1割強は「15日以上」で、21日たっても退院できないケースもあった。

## 無駄な入院がなくならない理由

これは患者の体力や合併症の影響だけでない。ＧＨＣの渡辺幸子社長は介護との連携不足を問題視する。「高齢者の入院の場合、入院前から退院計画を練らないと、治療が終わった後の受け入れ先探しに時間がかかる」という。

この大腸がんの腹腔鏡手術の入院医療費は上位３分の１の患者群が１６０万円、下位３分の１の患者群は１３４万円と２割の格差がある。上位グループの医療費を中位３分の１の患者群並みに抑えれば、年14億円節減できる計算になる。

米欧は１９９０年代、入院日数に関係なく疾患別に定額の診療報酬に切り替えた。病院は入院が長引くとコストだけ増えるため、早期退院を促した。スウェーデンの平均入院日数は導入前の18日から５・７日、ドイツは16・７日から８・９日に短縮した。白内障の日帰り（外来）手術の割合は日本の約5割に対し、米英では9割以上を占める。

日本の急性期ベッドは人口１０００人あたり13床。米国の4倍、フランスの2倍もあり、国内の病院は空きをなくすことに四苦八苦する。急性期を過ぎた患者をそのまま受け入れると費用が膨らむだけでなく、リハビリなど回復期ケアも受けにくくなる。

患者の状態が不安定だったり、慎重な経過観察が必要であったりするにもかかわらず、無理をして入院日数を減らす必要はない。もちろん、手術の後にすぐ退院することに不安を感じる患者もいるだろう。だから寝るだけか薬を飲むだけの入院がすべて無駄というわけではない。しかし、それぞれの入院が本当に必要なのかどうかを、もっと厳密に判断すれば、少しでも無駄は減らせるはずである。日本経済新聞とGHCが手掛けた入院日数分析はこうした問題意識を醸成するのに役立つと考えている。

漫然とベッドを埋めるためだけの入院は病院経営にとってプラスになるとしても、なるべく早く退院したい患者や、医療財政にとってはマイナスにしかならないのである。

## 4 自治体の9割で根拠薄いがん検診

### 国際標準に逆行する日本のがん検診

「このがんは様子を見ていれば大丈夫ですよ」「でも、心配だから治療してください」

**がん検診のメリットとデメリット**

| 《メリット》 | 《デメリット》 |
| --- | --- |
| 早期発見の確率高まる | 放射線被曝 |
| がんになる前の病変発見の可能性 | 精密検査や治療による副作用や心身の負担 |
| 治療が容易になり負担軽減 | 過剰診断を招く恐れ |
| 「異常なし」と分かれば安心に | 結果判明までの心理的負担 |

——。東京大学医学部附属病院で放射線治療の部門長を務める中川恵一准教授は、よく患者とこういうやりとりを経験する。検診で前立腺や甲状腺、肺などにがんが見つかり、受診してきた患者たちだ。

がんのなかには悪性度が低く、積極的に治療しなくても生命に影響を与えないものもある。「体の中にがんがあるのは誰でも嫌なもの。治療しないことを選択する人は少ない」と中川准教授は語る。

がん検診を受けるとき、人はどのようなことを期待するだろうか。多くの人は「がんを早期発見して、手遅れになる前に治療を受けられるようにするためだ」と答えるだろう。それでは、早期のがんをたくさん発見できる検診は、よい検診と言えるだろうか。

検診を受ける人の多くは、何も自覚症状を感じていない健康な人々だ。がんでは症状が出てから慌てて病院を受診しても手遅れになってしまうことがよくある。定期的に検診を受けておけば、自分では気づかないような早期のがんが見つかり、命を落とさずに済むケースが少なくない。

ただし、検診は早期発見につながる一方、検査のときに受ける放射線への被曝（ひばく）で逆にがんの発症リスクが高まったり、本当はがんではないのにがんの可能性があると判定されてしまったりするなど、受診者に不利益もある。

がんのなかには悪性度が低く、放置しているうちに消えてしまったり、そのままの状態にとどまったりしているものもある。検診によってこのような生命に関わりのないがんを見つけ、治療で取り除いたとしたら、受診者に無用な身体的・心理的負担を負わせることになってしまう。限りある医療資源の無駄遣いにもつながる。このため国際的には、検診のよしあしはがんの「発見率」ではなく「がんによる死亡率をどれくらい下げる効果があるか」で測るのが一般的になっている。

「がん検診」と呼ばれるものには、いくつかの種類がある。たとえば個人の希望により人間ドックなどで受けるものもその一種だ。これは「任意型検診」と呼ばれ、費用は原則として自己負担になる。

これに対して公的ながん検診は「対策型検診」と呼ばれ、日本では１９８３年に始まった。市区町村が実施主体となり、費用の多くは税金で賄われ、自己負担がある場合でもわずかな金額で済む。公費が投入されており、非常に多くの住民が受けることが想定されているため、死亡率の減少効果があるかどうかがとりわけ重要になってくる。

検診で死亡率が下がるかどうかは、大規模な疫学調査によって確かめる必要がある。検診を受けた人と受けなかった人を長期間にわたり追跡し、受けたグループでどの程度、そのがんによる死亡が減ったかを調べる手法だ。

## 科学的根拠があるのは5つの部位だけ

日本では国立がん研究センターなどが国内外の複数の論文を調査している。その結果に基づき、死亡率を下げる効果があると判定されたものを厚生労働省が自治体向けに指針で推奨する。指針では胃、大腸、肺、乳房、子宮頸部の5つの部位について「科学的根拠がある」と認められた検査方法が指定されている。

がん検診の有効性評価に詳しい青森県立中央病院の斎藤博・医療顧問は「検診は科学的根拠に基づいた検査方法で実施しなければ、いくら受診率を上げても死亡率を減らす効果は期待できない」と強調する。

ただ、この指針には罰則規定もなく、あまり守られていないのが実情だ。かつては国が補助金を出して自治体の検診経費を賄っていたが、１９９８年から費用が市区町村の一般財源で拠出されるようになり、自治体の裁量の幅が広がったことも影響している。市区町村に対しては地元の医師や議会、住民から国の指針にない独自の検診を実施するよう求める声が上がることが多い。

自治体はこうした声に応えようと検診メニューの拡充を図ってきた。これが過剰な医療行為の温床になっているのではないかと、かねて指摘されてきた。

国の指針が定めるがん検診

| 《部位》 | 《検診方法》 |
|---|---|
| 胃 | エックス線検査か内視鏡検査 |
| 大腸 | 便潜血検査 |
| 肺 | エックス線検査など |
| 乳房 | マンモグラフィー検査 |
| 子宮頸部 | 細胞診など |

（出所）厚生労働省

## 前立腺がん検診は必要か？

厚労省は国立がん研究センターを通じて、全国の市区町村がどのようながん検診を実施しているかを毎年調査している。調査データの詳細や市区町村名は一般には公表されていないが、日本経済新聞は情報公開請求により、厚労省が把握する１７３６市区町村（全国の99・

### 国の指針にないがん検診が市区町村の9割超で実施されている

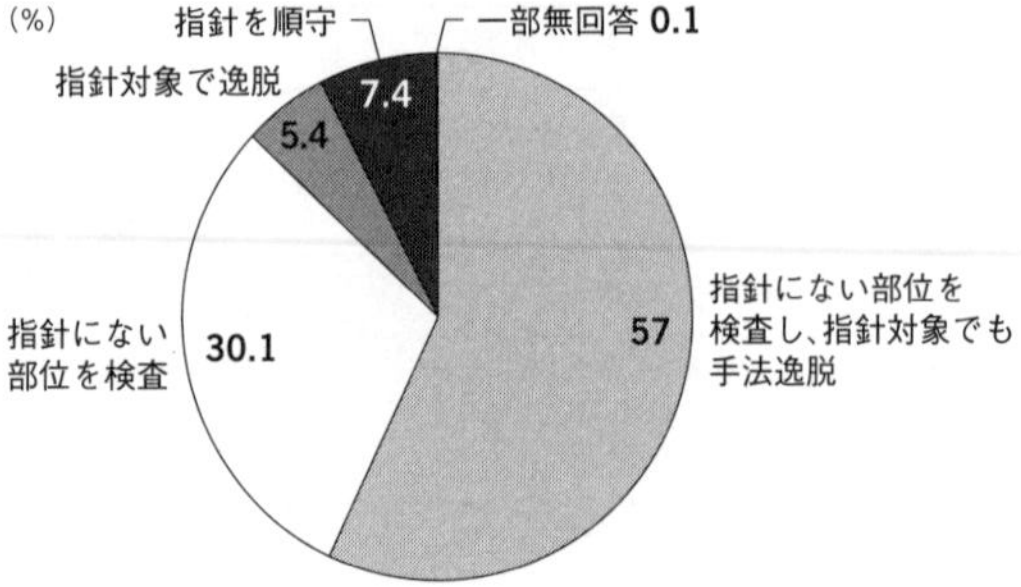


（注）2017年度の実施分
（出所）情報公開請求で得た厚生労働省のデータを基に日本経済新聞調べ

9％）の２０１７年度のデータを入手。国の指針に沿ったがん検診を実施している自治体がどれくらいあるかを調べた。すると、国際的な常識に逆行している実態が浮かび上がった。

調査の結果、２０１７年度は実に１５１３自治体（87％）が、指針に定めた5部位以外の検診を実施していたことが分かった。なかでも前立腺がんの「ＰＳＡ検査」が突出し、１４３８自治体（83％）が導入していた。

ＰＳＡ検査とは、２０００年代に入って広く実施されるようになった手法だ。前立腺の細胞で生み出される「ＰＳＡ」というたんぱく質は、がんや炎症で細胞が壊れると血液中に放出される。このたんぱく質の血中濃度を調べれば、がんがあるかどうかを見分ける手掛かりになるというわけだ。検査は採血だけで済むうえ、日本泌尿器科学会が実施を推奨していることもあり、がん検診のメニューとして導入する自治体が急速に増えている。

ただし、前立腺がんは進行が遅く、放置しても生命に関わらない場合がよくあるとされる。このため、発見しても治療せず様子をみるだけにとどめることが少なくない。国際的にもPSA検査は過剰診断が問題視されている。米国予防医学作業部会は55～69歳以外については、検診でPSA検査を受けることを推奨していない。

同部会の調査結果によると、55～69歳でも検査を受けた1000人のうち、10年以内に前立腺がんで死亡するのは4～5人で検査を受けない場合（5人）とほぼ変わらない。他方、検査した1000人のうち約30人にその後の治療などの影響で勃起障害が、約20人には排尿障害が生じていた。

指針にある5部位のがんでも、推奨されていない検査方法を導入していた市区町村が1084（62％）あった。特に、乳がんの超音波検査は大阪市や水戸市など615自治体（35％）が実施。血液で胃がんのかかりやすさを調べるリスク検査も330自治体（19％）が導入していた。いずれも死亡率の減少効果は確認されていない。

対象部位と検査法の双方で指針に沿っている自治体がどれくらいあるかを調べると、東京

指針にない検診を実施する市区町村が増えている

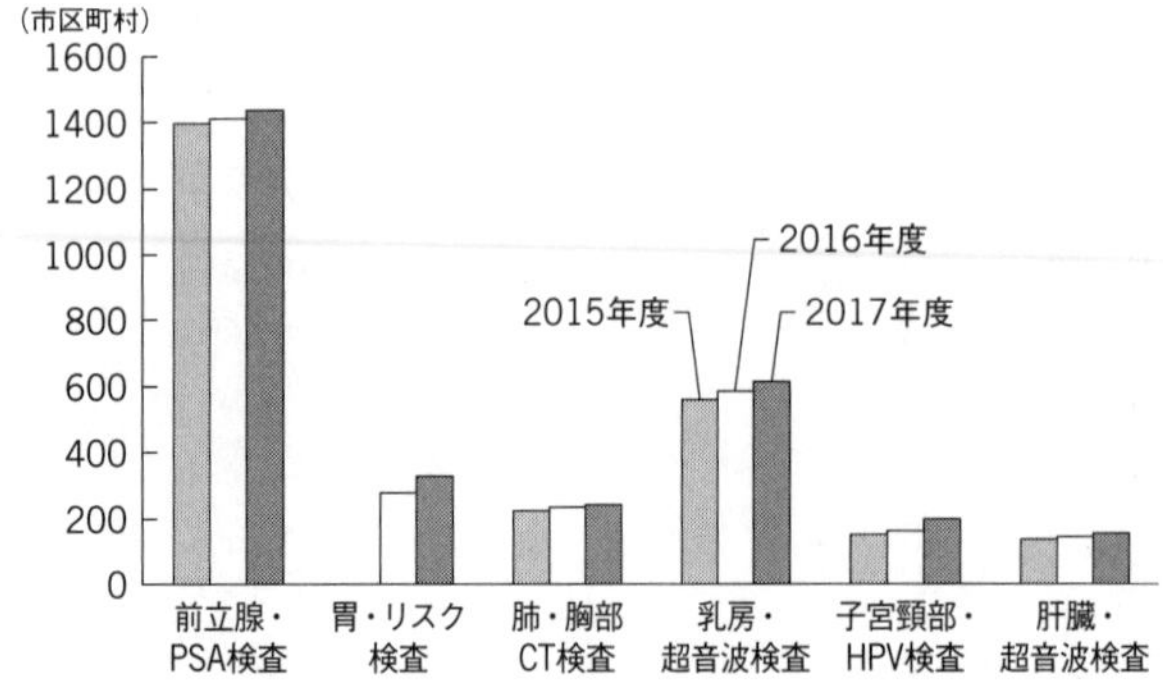


（出所）情報公開請求で得た厚生労働省のデータを基に日本経済新聞調べ

都千代田区や広島市、高知市、熊本市など１２８自治体（７％）にとどまっていた。ＰＳＡ検査を２０１７年度から始めた神奈川県鎌倉市は「以前から市民の要望があり、近隣でも導入する自治体が増えていた」（市民健康課）と導入の経緯を説明する。

だが、一部の自治体は検診項目の見直しに動いている。東京都八王子市は6年ほど前から、国の指針に基づいた手法に近づけるよう検診内容の見直しにカジをきった。同市の成人健診課は「限られた財源を投じる以上、利益が不利益を上回っている検診を実施することが重要だ。根拠に基づいた検診に絞って実施しないと、お金の使い方も分散して効果も落ちてしまう」と話している。

欧州の研究では、ＰＳＡ検査で発見した前立腺がんの診療費用の4割弱が過剰診断・治療によるとの推計もある。ＰＳＡ検査は1人あたり２０００～３０００円、乳がん超音波検査は３０００～５０００円かかるなど、自治体の財源の負担も無視できない。ＰＳＡ検査や乳がんの超音波検査、胃がんのリスク検査など多くの指針外のメニューを導入している東京都品川区の場合、19年度はがん検診に一般財源から約8億円を投じている。

## 指針外の検診を助長する自治体も

「指針外の検診に県がお墨付きを与えてはダメです。県から注意、指導をしてください」――。２０１９年5月25日、東京・築地にある国立がん研究センターの会議室で、中山富雄・検診研究部長は熱弁をふるっていた。科学的根拠に基づいた検診の実施を全国に広めるため、同センターでは都道府県の検診担当者を対象に、このような研修会を定期的に開いている。

市区町村が国の指針に基づかないがん検診を実施するかどうかは、都道府県の姿勢にも左右される。開示されたデータを基に、指針を順守して検診を実施している市区町村の比率を都道府県別にみると、地域によって大きなばらつきがあることが分かった。

**指針を順守している市区町村の割合は、都道府県によって異なる**

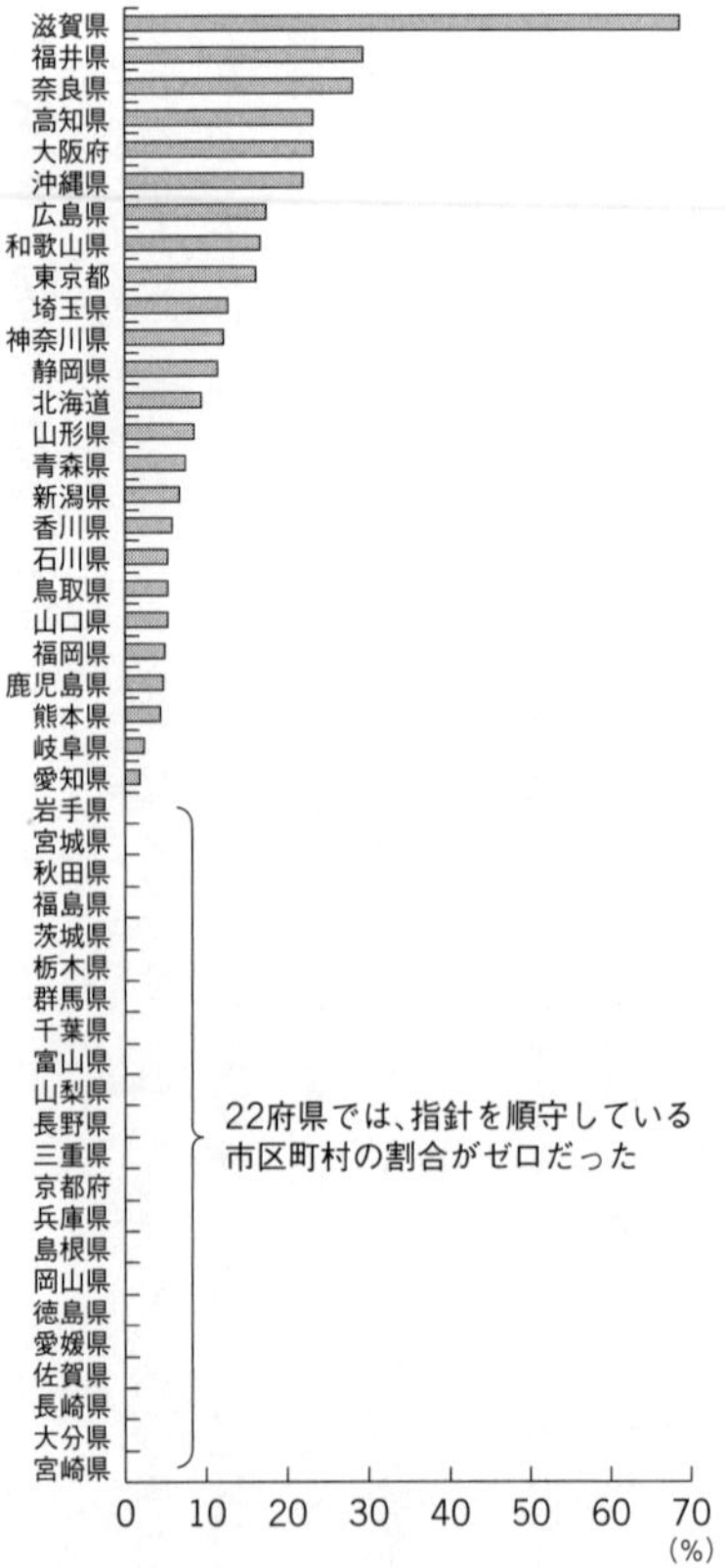


（注）部位・方法ともに順守している市区町村の割合。2017年度実施分
（出所）情報公開請求で得た厚生労働省のデータを基に日本経済新聞調べ

対象部位と検査手法の双方で指針を順守していた市区町村の比率は、最も高い滋賀県では2017年度に68％に達していた。この比率が20％を超えていたのはほかに福井、奈良、大阪など5府県のみ。他方で岩手や千葉、京都、大分など22府県では、指針を守っていた市町村の比率がゼロだった。

滋賀県では、指針にない前立腺がんのＰＳＡ検査を２０１７年度に実施したのは１割にあたる2自治体のみ。全国平均の８割強と比べると突出して低い。２０１９年度はゼロになる見通しだという。長年にわたって市町村に指針の順守を働きかけてきた滋賀県健康医療福祉部の角野文彦理事は「検診に対する地元医師の意識が高く、エビデンス（科学的根拠）に基づく検診の実施を後押ししてくれている」と背景を説明する。

国のがん対策推進基本計画は、都道府県に対し、指針に基づかない検査方法を導入している市区町村を把握して指針の順守を働きかけるよう求めている。滋賀県のほかにも、実行に移している地域はいくつかある。たとえば東京都では、指針を逸脱している市区町村を個別に洗い出し、改めるよう求める通知を毎年送っている。大阪府でもすでに同様の取り組みを始めた。だが、このような動きはまだ全国の一部にとどまる。大阪大学の祖父江友孝教授は「こうした取り組みを全県に広げていくべきだ」と話す。

逆に、国の指針にない検査方法を県が独自の判断で市区町村に推奨しているケースも少なくない。千葉県は乳がんの超音波検査について、独自のガイドラインを設けて実施を推奨してきた。２０１７年度時点で千葉県内では1町を除き、すべての自治体がガイドラインに基づいてこの検査を実施していた。２０１９年1月に県は表現を改めたが、なお「実施は差し支えない」としている。

佐賀県は、子宮頸（けい）がんの原因となるヒトパピローマウイルス（ＨＰＶ）への感染の有無を調べる検査について、２０１９年度から独自に予算を付けて全県で無償化する取り組みを始めた。この検査も国の指針では推奨されていない。市区町村とは別に、都道府県に対しても指針への理解と順守を求めていく取り組みが重要になりそうだ。

## 科学的根拠のある検診の受診率は逆に低い

欧米では、死亡率を下げるという根拠がある部位と方法に限ってがん検診を実施するのが一般的。とくにお手本になりそうなのは北欧や英国だ。有効性の確認された検査で受診率の向上に注力し、子宮頸がんや乳がんの死亡率引き下げに成功した。

これに対して、日本の検診は国際的な常識に逆行している。経済協力開発機構（ＯＥＣＤ）は２０１９年2月に公表した報告書で、日本のがん検診が地域ごとにバラバラであることを指摘。過剰検査につながっている可能性があり、国の指針に従って一律に実施すべきであると警鐘を鳴らしている。

科学的根拠の薄いがん検診が引き起こすデメリットは、過去にも繰り返し指摘されてきた

日本のがん検診の受診率は大半の項目で目標の50%に満たない

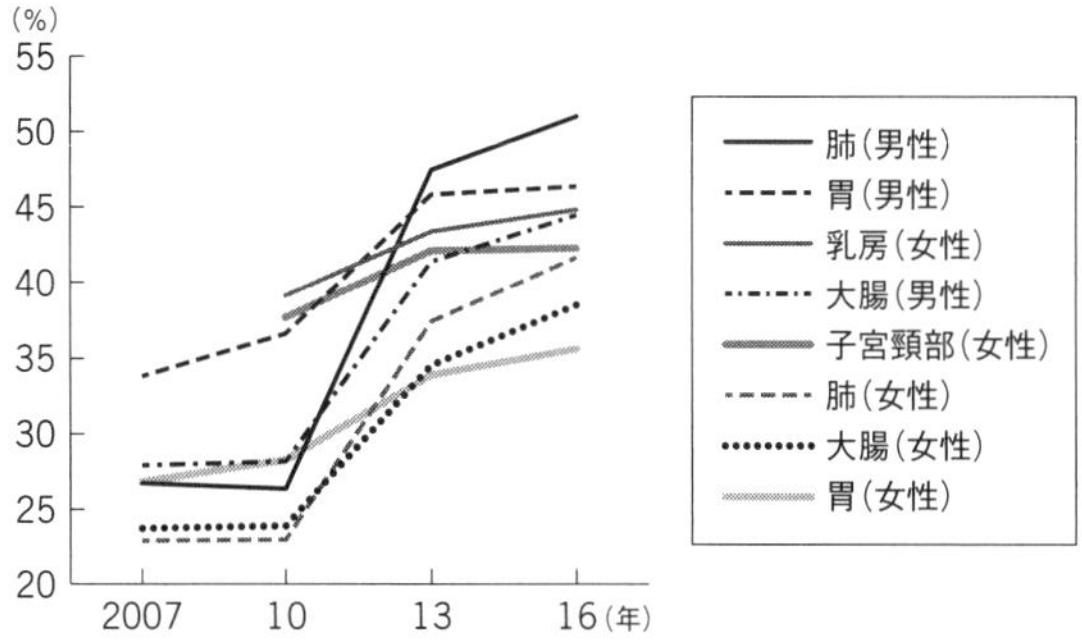


(注) 胃・肺・大腸は過去1年間、乳房・子宮頸部は過去2年間の受診有無。対象年齢は40〜69歳、子宮頸部のみ20歳〜69歳
(出所) 厚生労働省「国民生活基礎調査」

問題だ。日本では1980年代ごろから、神経芽細胞腫という小児がんの検査を自治体が実施していた。しかし、このがんは成長するにつれて自然に消えてしまうケースが少なくない。検査は死亡率の低下に結びついておらず、むしろ治療の副作用によるデメリットのほうが大きいことが明らかになり、2003年に中止が勧告された。

海外では韓国で1999年から甲状腺がん検診の公的補助を始めた結果、検査が広まり患者数が急増した。この検査も死亡者の減少には結びつかず、過剰診断を招いたと批判された。甲状腺がんの検査は日本でも、2011年の福島第1原子力発電所事故の後に福島県が子供を対象に実施しているが、専門家の間では効果を疑問視する声がある。

日本は効果の定かではない検診メニューの拡充に熱心な一方で、効果が確認されている検診の受診率が低迷しているのも大きな問題だ。日本人のがん検診受診率は多くの項目で30〜40%程度にとどまり、70〜80%に達することもある欧米諸国に比べると低い。国はがん対策推進基本計画のなかで、受診率を50%以上に高めることを目標に掲げているが、現状で達成しているのは男性の肺がん検診のみだ。

むやみに検診メニューを広げた結果、本来取り組むべきことがおろそかになってきた側面は否めない。科学的根拠の確認された検診に資源を集中配分していく必要があるといえそうだ。

# 第3章

# 見えぬ地域医療の未来像

# 1 公立病院膨らむ「隠れ赤字」

## 都内の病院に「イエローカード」

東京の都心、地下鉄・広尾駅から徒歩7分の一等地にある都立広尾病院（渋谷区）の建て替え計画が2019年末に固まった。都の事業費は概算で約340億円を予定。2025年度から解体作業に入り、2031年度にも完成させる。引き続き災害時の拠点病院と位置づけて8階建てを9階建てにし、延べ床面積も拡大するが、ベッド数は現在の426床から約400床に減らす。

広尾病院のベッド利用率は2017年度まで3年連続で公立病院の基準70％を下回った。これで、ほかの病院との再編・連携の検討や許可したベッド枠の返上が求められる、いわば「イエローカード」が出る状態だ。2018年度はベッド数を前年の476床から50床減らし、何とか利用率は73・9％と70％台を回復させた。さらに新計画でベッド数を減らすのは、そうしなければ再び空きベッドが増えると見ているためだ。空きベッドが増えると病院の収支は悪化する。

都道府県や市町村など地方自治体が運営する公立病院の赤字拡大が止まらない。収支改善に四苦八苦している広尾病院に限った話ではないのだ。ただ、その経営実態は非常に見えにくい。なぜなら、母体である自治体が赤字を補塡するために公費を注入しているからだ。

公立病院は救急や小児など、民間病院が手がけたがらない不採算の医療を提供したり、過疎地の医療水準を維持したりする役割がある。地域医療の要であるからこそ、公費投入に一定の意義はある。ただ、赤字を公費で埋め続けると自治体の財政が悪化し、保育や介護などほかの公的サービスにしわ寄せがいく。さらに、その場しのぎで母体自治体からの補塡に頼り続けると、公立病院の「地力」は落ちる。非効率な医療が温存され、空きベッドの集約など必要な対策を打つのが遅れるからだ。

## 本業の赤字は5年で5割増

公立病院の将来を占うためには、本業でどれほど稼ぐ力があるのかを知る必要がある。つまり、公費に頼らずに経営がきちんと成り立つのかを見なければならない。その実情に迫るために、日本経済新聞はオープンになっているデータを集めて、独自の分析を試みた。

**本業の赤字は5000億円に迫る**（公立病院の収支）

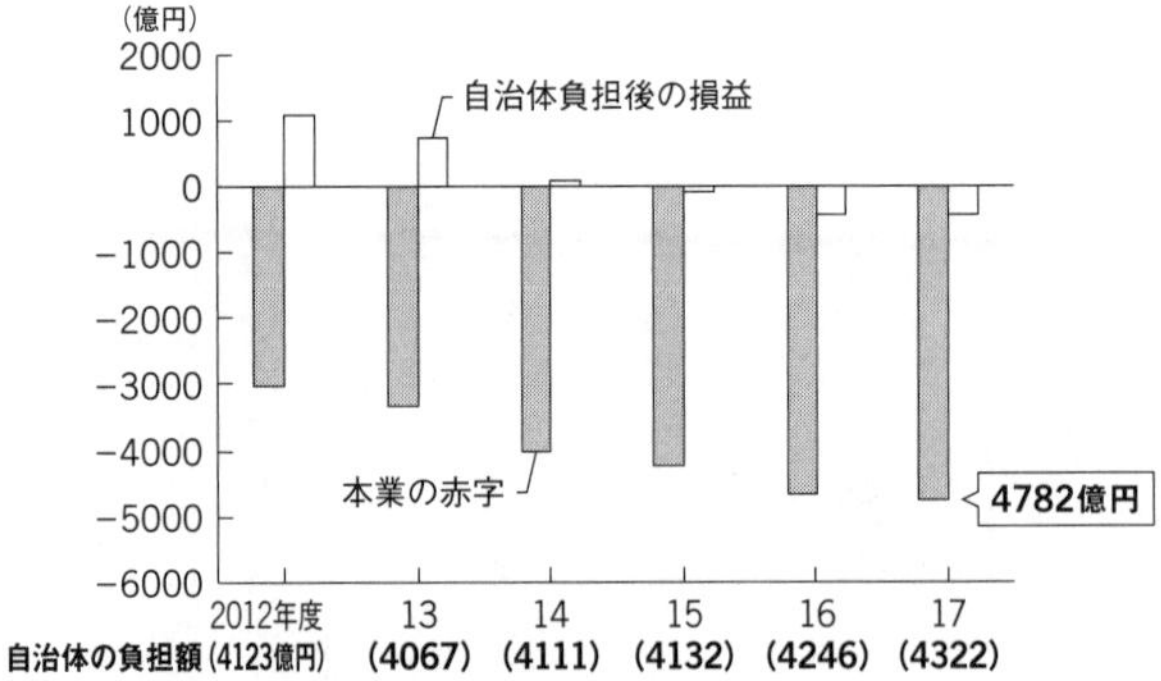


（注）2012年度から比較可能な671病院が対象
（出所）総務省の「病院事業決算状況」と「地方公営企業年鑑」のデータを分析

手法はこうだ。まず、「病院事業決算状況」という総務省のデータを引っ張り出してきた。地方公営企業法が適用されるすべての公立病院の収支状況をまとめている。その項目にある「医業収益」から「医業費用」を差し引いて「医業収支」を算出。さらに自治体の補助金のうち医業収益に計上されている「他会計繰入金」（救急医療と保健衛生行政費）を除いて「純医業収支」を独自に導き出した。これが本業の稼ぐ力だ。

別途、自治体の公費負担の全体像を把握するため、医業収益に含む補助金と医業収益外で計上される一般会計繰入金の合計額を算出した。対象は都道府県や市町村が持つ783病院のうち、2012～17年度に比較できる671病院

**上位には首都圏の自治体が並ぶ**（自治体による公立病院1病床あたりの公費負担額）

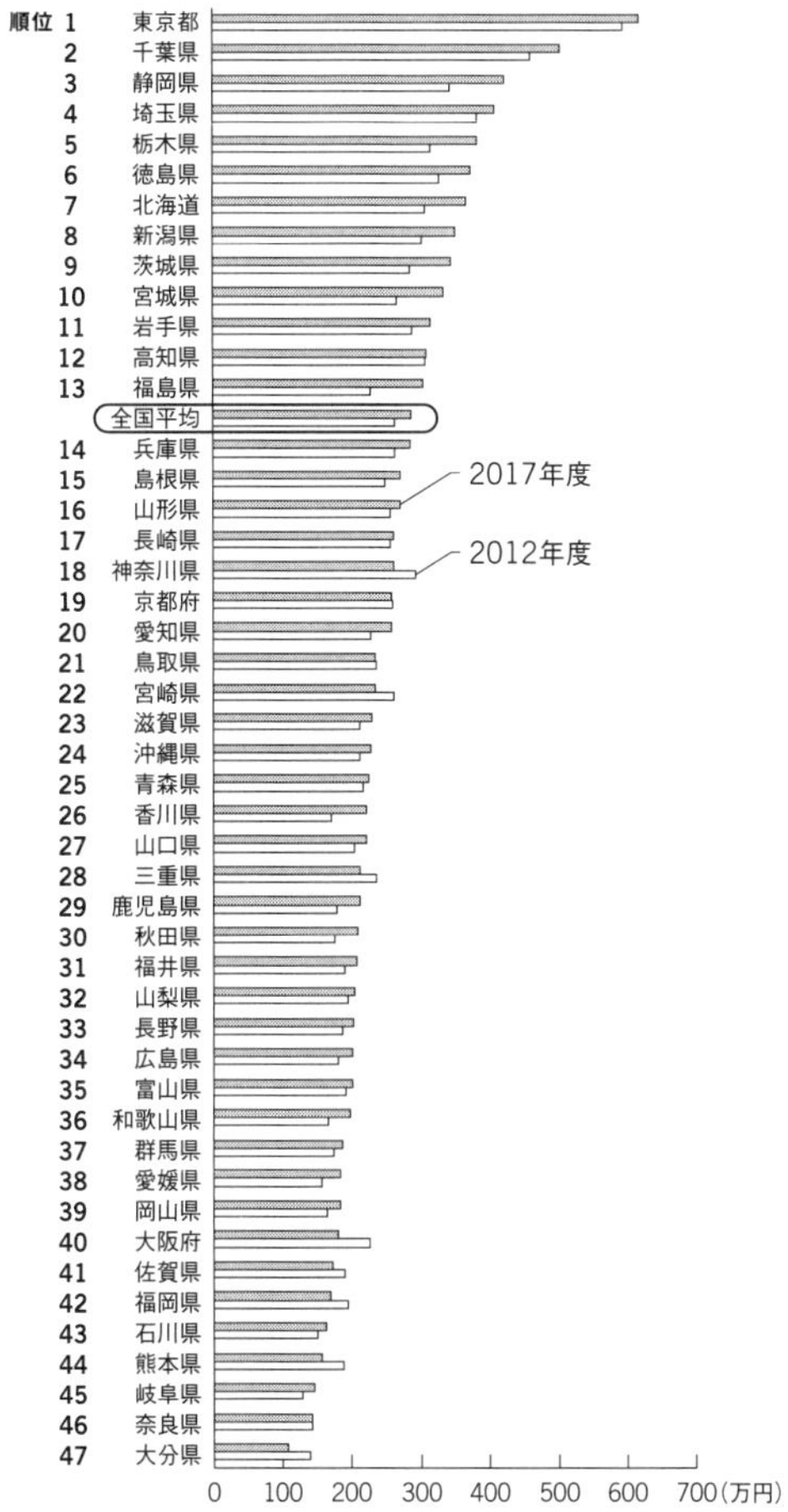


（注）自治体の公費負担額を病床数で割って算出
（出所）総務省の「病院事業決算状況」と「地方公営企業年鑑」のデータを分析

とした。期間中に再編統合した病院や独立行政法人化した病院は除外した。

集計した結果、やはり自治体からの補塡を除いた本業の赤字、いわば「隠れ赤字」の総額は大きく膨らんでいたことがはっきりと分かった。赤字総額は2017年度に日本全体で4782億円となり、2012年度と比べて5割増えていたのだ。最終的な損失も増えており、今後、公的な負担が急増する恐れがある。

純医業収支が黒字の病院数は2012年度の45から2017年度は19に減り、全体に占める割合は7％から3％に下がった。合計の赤字額は5割増えたのに対し、公費投入額は5％増にとどまり、2015年度以降は借入金に頼っている。

## なぜ公立病院では無駄遣いが生まれやすいか

経営環境が厳しいのは民間病院も同じだが、公立病院は非効率な業務構造が温存されている。全国公私病院連盟によると、民間は医業の費用が収入と均衡するが、公立は費用が1割多い。公務員の看護師は人員配置や給与体系を柔軟に変えられない。一般公務員と同じ年功型の賃金体系だ。

公立病院の事務職は短期で異動するため、経営のプロが育たない問題があり、無駄遣いが生まれやすい。建設費単価は公的な日赤病院などよりも1割ほど高い。厚生労働省の調べでも、２０１７年度の一般病院の経常利益率は民間が２・３％、公立はマイナス１・５％という結果が出た。

需要を見誤って過大な投資をした結果、赤字が膨らんだ典型例は２０１３年末に総工費３６０億円で新病棟に建て替えた埼玉県立がんセンター（伊奈町）だ。大宮駅から高崎線で２駅北上した上尾駅からバスに乗り継ぐなど立地条件が悪い。がん以外の病気も患っている高齢患者の受け入れ体制が手薄なことも近年のニーズとずれていた。

建て替え時に１００床増床したが、その後の患者数は想定を下回り、２０１７年度の実質収支は34億円の赤字と、建て替え前より赤字が急増した。県の２０１８年度予算では、同センターを含む県立4病院への一般会計からの繰入額が、建て替え前の１・８倍に膨らんだ。県病院局も「見通しが甘かった」と認める。数年後に4病院を独立行政法人に転換する方向で動き出した。

埼玉県立がんセンター

5年間の本業の赤字額は上位10位のうち7病院が東京

| | | | 5年間の純医業収支の合計赤字額（億円） |
|---|---|---|---|
| 1 | 東京都立 | 小児総合医療センター | ▲310 |
| 2 | 東京都立 | 駒込病院 | ▲288 |
| 3 | 東京都立 | 松沢病院 | ▲282 |
| 4 | 東京都立 | 墨東病院 | ▲247 |
| 5 | 静岡県立 | 静岡がんセンター | ▲221 |
| 6 | 東京都立 | 多摩総合医療センター | ▲216 |
| 7 | 東京都立 | 広尾病院 | ▲214 |
| 8 | 埼玉県立 | がんセンター | ▲193 |
| 9 | 埼玉県立 | 小児医療センター | ▲179 |
| 10 | 東京都立 | 大塚病院 | ▲165 |

（注）2013～17年度。▲はマイナス
（出所）総務省の「病院事業決算状況」と「地方公営企業年鑑」のデータを分析

公立病院への過大な公費投入は民間との競合が激しい首都圏で目立っていることも、日本経済新聞の調べで分かった。２０１７年度の１ベッドあたり公費投入額の首位は東京都の６１７万円で、全国平均の約２倍。総額でみると都立８病院だけで４００億円と、全国の１割近い公費を使った。都病院経営本部は「都立にしかできない機能がある」と訴えるが、冒頭で見た広尾病院（渋谷区）のほか、大塚病院（豊島区）でも空きベッドが増え、外来患者数は全国平均を下回っていた。

日本総合研究所の河村小百合上席主任研究員は「都は財政規模が大きいため、巨額の公費投入が見過ごされている」と指摘する。千葉県も病院に過大投資し、損失の穴埋め額が膨らんだ。

## 再編、経営見直し……総務省が改革を要請

そもそも公立病院とはどのような存在で、どういった役割が求められているのだろうか。

都道府県や市町村がつくる公立病院は地方公営企業法が適用され、独立採算を原則とするが、一定の経費は母体自治体が負担している。第2次大戦後、しばらくは民間病院が少なかったため、先行して公立病院の整備が進んだ。特に市町村が設立した病院は小規模であることが多く、人口減少や医師不足などの影響で、赤字が拡大しやすく、その分自治体財政が圧迫されるといった悪循環が生まれやすくなっている。

そのため、監督官庁の総務省は2007年に「公立病院改革ガイドライン」をとりまとめ、経営の効率化や再編、経営形態の見直しなどの改革プランを策定するよう要請した。この結果、地方を中心に診療所化、統合再編、経営形態を独立行政法人に変えるなどの取り組

**全国の数は900を超す**
**（公立病院数と開設者別の内訳）**

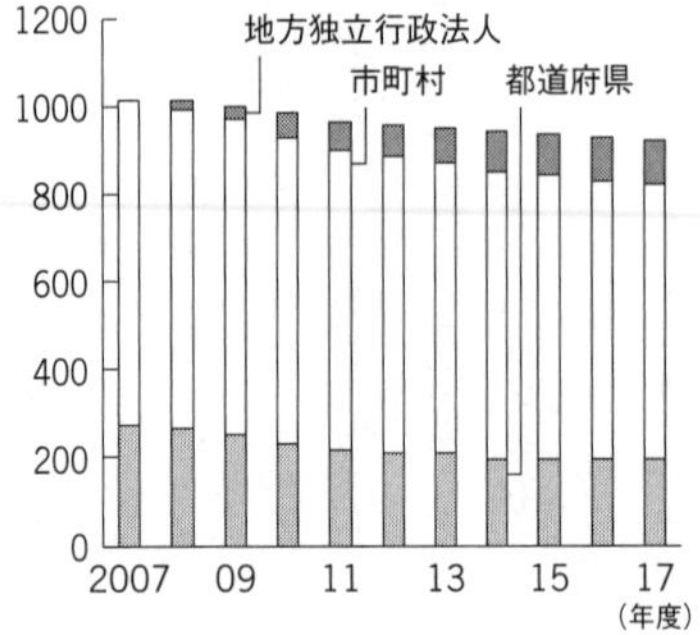


（出所）厚生労働省「医療施設調査」。地方公営企業法が適用されない公立大学病院や感染症病院も含む

みが少しずつ進んだ。現在は独法化した病院も含めて約９００あり、日本全体の病院数の11％、ベッド数の14％を占める。

少子高齢化に対応した医療提供体制を描く「地域医療構想」にあわせて、２０１５年には公立病院の新改革プラン策定が求められた。焦点は官民の役割分担で、公立病院の役割は①山間へき地など過疎地での一般医療②救急・小児・周産期などの不採算部門③県立がんセンターなど高度・先進医療の提供④医師派遣の拠点――の４つと示された。

ただ、改革プランに強制力はないため、動きは鈍い。すでにある公立病院は４つの役割から外れていても開設自治体が必要と見なして維持するケースが少なくない。

２００７年の公立病院改革の指針が出てから60超の公立病院の再編例があるものの、多くの地域では病院再編の取り組みが様々な壁に阻まれている。

## 「独立行政法人化」を阻む壁

２０１９年４月１日、兵庫県川西市の市立川西病院の運営者が医療法人・協和会に変わった。赤字脱却を目指すための民間委託だ。３年後に別の場所に新病院を建て、協和会の別病院と統合する。２病院の医師を新病院に集めて救急体制を充実させる。現在の病院跡地には診療所と介護施設を整える。

ハードルは市立病院の看護師らの処遇だった。民間運営になると年収が平均１５３万円、率にすれば３割近く下がる。当初の４年間は市が差額を補うが、半数の職員は退職したか、市役所事務職に異動した。川西病院経営企画部は「公務員でなくなることに抵抗感は強い」と説明する。

川西市は何とか乗り越えたが、往々にして労務問題は公立病院改革にブレーキをかける。「都立病院は独立行政法人化すべきだ」。２０１８年１月、東京都は有識者委員会からこのように提言された。独法化が実現すれば、議会の承認に時間がかかる自治体直営の病院と比べて、医師や看護師の人事や処遇、予算などを素早く、柔軟に決められる。しかし、７０００人超が公務員でなくなるため、都立病院労働組合は「労働条件を悪化させる」と、すぐに反対を表明した。

実は同じような有識者の提言は２００７年にもあったが、「先行例が乏しい」として見送っている。これも職員の処遇問題が壁になっていたとみられる。有識者の提言から2年近くたった２０１９年12月3日、ようやく小池百合子知事は都議会本会議の所信表明演説で「地方独立行政法人への移行へ準備を開始する」と述べたが、具体策はこれからだ。

## 自治体間の責任分担で綱引き

複数の自治体が絡むと、運営責任や資金分担を巡り綱引きが生じる。

千葉県香取市にある県立病院と国保小見川総合病院（市と東庄町で開設）を巡っては、数年前に2病院の建て替えとセットにした病院再編案が浮上した。県は市主導で赤字額が大きい県立病院を小見川病院に統合する案を推した。市は責任を押しつけられると警戒し、逆に県主導の建て替えを求め、小見川病院を市単独で建て替えた。これで再編案は消え、県立病院の赤字は膨らんだ。

公立病院の再編は縦割り意識を脱した発想が必要になる。２００8年に地方独立行政法人として発足した日本海総合病院（山形県酒田市）の前身は、2キロメートルしか離れていない市立と県立の2病院。県立病院の赤字が膨らんで経営難に陥ったのを契機に、建て替えを控えていた市立病院が統合を提案した。原動力は「このまま競い合ったままだと共倒れになる」との危機感だった。

県立は規模を拡大して拠点病院、市立は縮小しリハビリ病院とする役割分担を決定した。地域内の病院間の連携を進めるため、持ち株会社的な器として地域連携推進法人をつくり、複数の医療機関で人材融通やＩＴ活用に取り組んだ。

栗谷義樹理事長は「個々の病院ではなく地域全体の医療を効率的に提供する経営が必要だ」と説く。サービス水準を落とさずに効率化するには、自治体や職員が既得権益にしがみつくのをやめる必要がある。

そのためには民間病院をまじえた医療体制の見直しもカギを握る。

神奈川県は２０１６年度に、総合病院の汐見台病院（横浜市）を医療法人に譲渡した。知事が「県立病院は小児科など不採算医療に特化すべきだ」と判断した。従来の医療を続けることを条件に譲渡先を公募し、毎年7億円超あった公費繰入額はゼロになった。

医療情報を分析するケアレビューの加藤良平代表は「都市部は公立病院が民間との役割分担を徹底し、規模を縮小すれば公費に依存する問題は改善する」と指摘する。

## 2 遠い国保健全化、保険料上げず自治体補塡

### 国保の加入者でない住民にツケを回す

1961年に国民皆保険制度を導入した日本では、1～3割の自己負担以外は公的医療保険からの給付金が医療費をカバーすることになっている。病気やケガで高額の医療費がかかっても、本人が支払う診療費負担は軽くて済むので、医療機関にアクセスしやすい。日常の生活において、この制度から受ける恩恵は極めて大きい。

しかし、低成長、少子高齢化の時代になり、いまは負担と給付のバランスが崩れている。医療費は膨らみ、保険料では賄いきれず、税金の投入で帳尻を合わせることが常態化している。保険財政は危機的な状況になりつつあるのだ。

特に深刻なのは自営業者や農家のほか、退職者やパート労働者が加入し、地方自治体が運営する国民健康保険（国保）だ。公的な医療保険は大企業の社員を中心とした健康保険組合（健保組合）、中小企業の社員などが入る全国健康保険協会（協会けんぽ）、公務員の共済組

合もある。加入者が企業や役所で働く人が中心の保険と異なり、地域単位で運営される国保は慢性的な赤字になっており、自治体の公費に依存する体質から抜け出せないでいる。

加入者数は2017年度末時点で約3100万人。厚生労働省によると、国保全体の2017年度の収支は450億円の赤字だった。2016年度に比べ1000億円縮小したが、自治体の一般会計からの法定外の繰り入れで赤字を補てんする構図が続いている。

国保の慢性的な赤字の背景には、高齢化や産業構造の変化に伴って加入者層が激変していることがある。1960年代半ばの加入者は7割が農林水産業やその他の自営業だったが、2015年度には両者の割合は合計17%に低下した。代わりにパートなどの非正規労働者と退職した高齢者を含む無職者が7~8割を占めるようになった。このため、国保の加入者は企業の健保組合や協会けんぽと比べ所得水準は低く、年齢は高いのだ。

国保は財政健全化のために、2018年度に財政運営の主体を市区町村から都道府県に移した。財政規模を大きくして毎年の給付費の変動が保険料に及ぼす影響を小さくするためだ。いまは市区町村でバラバラの保険料率を将来的には都道府県内で統一していく思惑もある。国は国保への支援額を3400億円増やし、国保に自治体からの税金の補てんに頼らない自立運営を求めた。

国保への税金投入は減っているが
依然高水準

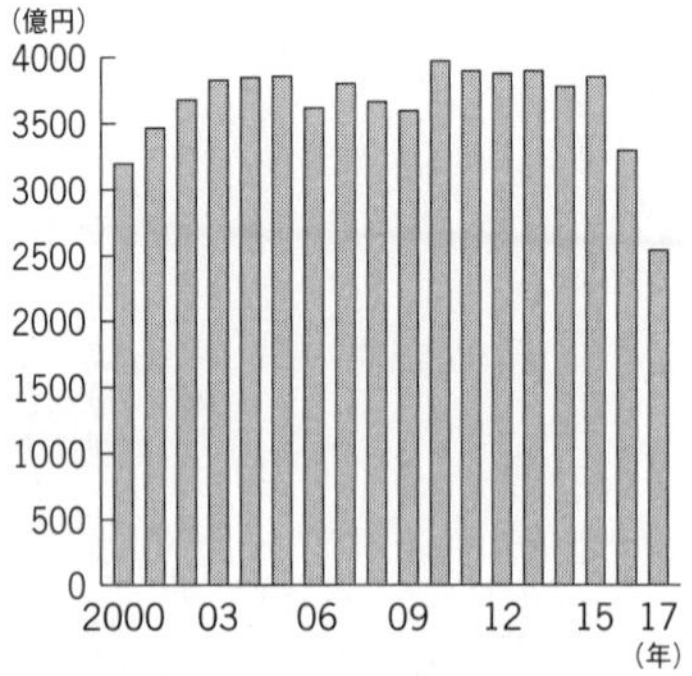


(注) 一般会計からの法定外繰り入れの総額
(出所) 厚生労働省「国民健康保険事業年報」

しかし、改革の動きは鈍い。新制度では都道府県が本来の保険料水準を示し、それを参考に市町村が決める。税金投入をむやみに増やさないようにするには、ほとんどの市区町では国保の保険料を引き上げる必要があったにもかかわらず、加入者からの反発を恐れて保険料引き上げを見合わせる自治体が多いのだ。

結局、税金で穴埋めするしかなくなる。国保の赤字のツケを会社員ら国保に入っていない住民に回す構図が続く。国保加入者のコスト意識が薄れて安易な受診が増えると、さらに赤字が膨らみやすくなる。

## 仙台市や高知市では保険料下げて税投入増やす

日本経済新聞は自治体の姿勢を探るため、規模が大きい東京23区、政令指定都市、中核市の計101市区の2018年度の予算と保険料を2017年度実績と比べた。その結果は改革がなかなか進まない実態を映し出すものだった。主要市区の過半が税金で赤字を穴埋めしながら、保険料を下げたり、据え置いたりしていることが分かったのだ。前年度より穴埋めを増やしている自治体もあった。

具体的に見てみよう。２０１８年度の補正後の一般会計からの赤字穴埋め額がゼロだったのは北海道函館市、盛岡市、秋田市、山形市、千葉県柏市、神戸市、奈良市、広島県呉市の８市だけだった。これ以外の93市区は一般会計からの繰り入れを続けている。うち29市区が２０１７年度より保険料を引き下げ、25市が据え置いた。本来は保険料の引き上げで赤字を埋める必要がある自治体だ。

保険料を引き下げたか据え置いた54市区のなかで、逆に税金を増やしているのが12市あった。仙台市、高知市、松江市、山口県下関市の４市は保険料を引き下げたのに税金投入を増やし、青森県八戸市、宇都宮市、埼玉県川口市、高松市など８市は保険料を据え置きつつ、税金投入を増やしていた。このままでは財政規律が緩んでいるとの批

**自治体が税金を投入している国保の2018年度保険料は…**

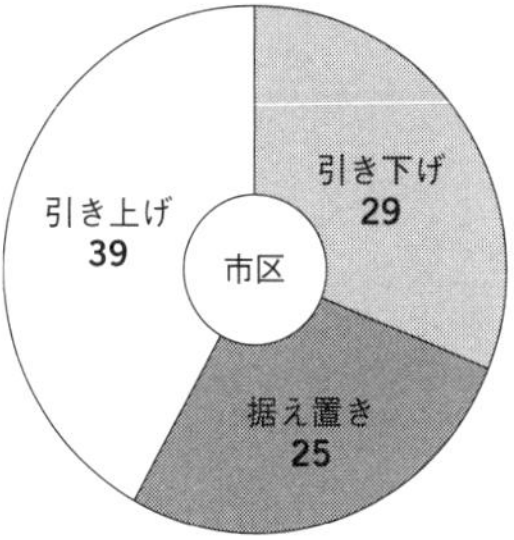


（注）政令指定都市、中核市、特別区のうち税投入ゼロの8市除く93市区
（出所）日本経済新聞調べ

## 各自治体の対応

| 税投入を増やし、保険料を引き下げ（4） |
| --- |
| 仙台市、松江市、山口県下関市、高知市 |
| **税投入を増やし、保険料を据え置き（8）** |
| 青森県八戸市、宇都宮市、群馬県高崎市、埼玉県川口市、埼玉県川越市、大阪府堺市、高松市、福岡県久留米市 |
| **税投入を増やし、保険料を引き上げ（19）** |
| 東京都の中央区、台東区、目黒区、大田区、世田谷区、渋谷区、中野区、杉並区、北区、荒川区、練馬区、葛飾区、東京都八王子市、岐阜市、大阪府高槻市、兵庫県西宮市、岡山市、広島市、広島県福山市 |
| **税投入を減らし、保険料を引き下げ（25）** |
| 札幌市、福島県郡山市、福島市、福島県いわき市、前橋市、千葉市、東京都千代田区、神奈川県横須賀市、新潟市、金沢市、福井市、静岡市、愛知県豊橋市、京都市、大阪府枚方市、大阪府八尾市、兵庫県尼崎市、兵庫県明石市、兵庫県姫路市、和歌山市、鳥取市、北九州市、福岡市、長崎県佐世保市、宮崎市 |
| **税投入を減らし、保険料を据え置き（17）** |
| 青森市、埼玉県越谷市、富山市、甲府市、長野市、浜松市、名古屋市、愛知県豊田市、大阪市、大阪府東大阪市、大阪府寝屋川市、岡山県倉敷市、松山市、長崎市、大分市、鹿児島市（税投入横ばい）、那覇市 |
| **税投入を減らし、保険料を引き上げ（20）** |
| 北海道旭川市、さいたま市、千葉県船橋市、東京都港区、新宿区、文京区、墨田区、江東区、品川区、豊島区、板橋区、足立区、江戸川区、横浜市、川崎市、相模原市、愛知県岡崎市、大津市、大阪府豊中市、熊本市 |
| **税投入がゼロ（8）** |
| 北海道函館市、盛岡市、秋田市、山形市、千葉県柏市、神戸市、奈良市、広島県呉市 |

（出所）日本経済新聞調べ

判はまぬがれない。

## 3割の自治体が税による穴埋めを増やす

保険料を上げても、その幅を縮めるために一般会計を使う自治体も多い。この結果、法定外繰入額を増やしたところは全体の3割に達し、101市区の繰入総額は1138億円と、減少幅は16％にとどまった。保険料下げの原資にしなければ繰り入れをもっと減らせる。

東京都で調査対象の23区と八王子市の繰入額は全体の4割だった。約半数が補てんを増やした。都の国保加入者の所得は全国平均以上だが、1人あたりの補てん額は平均より大きい。加入者所得が最高の千代田区は保険料を下げているため、繰入額は1％弱しか減っていない。

国保運営で公費依存が強まった背景はふたつある。まず加入者の減少傾向を十分に織り込めていない国保が多い。一般会計からの繰入額を3倍近く増やした高松市は「保険料を負担する人が減って保険料収入が想定を下回った」という。高松市の保険料は必要とされる水準の6割にとどまる。

## 「保険料が低い」アピールで住民獲得競争

自治体の住民獲得競争も公費で国保の保険料を本来の水準より下げる誘引になっている。日本総合研究所の西沢和彦主任研究員は「首都圏では、ある自治体の首長が公費を投じて近隣より保険料が低いとアピールすると、周辺の自治体もそれに負けないように公費を投じることが多かった」と指摘する。

住民への医療福祉のアピール競争は地方でも広がっている。高知市は子どもの医療費を無料化し、松江市は障害者向けの負担軽減策で国保の給付費が増えたため、一般会計で賄った。

全体の6割、64市区が税金投入を減らしたが、このうち3分の2は同時に保険料を据え置くか引き下げている。保険料で国保の支出を賄う本来の姿からは遠く、健全化の道のりは険しいままだ。

市区町村が国保の赤字穴埋めに税金を使うのは加入者全員へのバラマキとなり、保険料徴収など国保運営の手綱が緩みやすくなる。ニッセイ基礎研究所の三原岳主任研究員は「赤字穴埋めの一般会計からの公費繰り入れで給付と負担の関係が曖昧になる。原則禁止とすべきだ」と訴える。

## 保険料格差をどう解消するか

財政が悪化する国保をどうするかは、かねて政府にとって懸案だった。社会保障制度改革国民会議は２０１３年、運営規模を大きくして財政を安定させるため国保の運営を市町村から都道府県に移す提言を公表。改正国民健康保険法が成立し、２０１８年４月に保険料の徴収は市町村が担い、都道府県に納める仕組みができた。

問題は税金による穴埋めの解消だけではない。運営主体が都道府県に移ったのに伴い、市町村間の保険料格差をどう解消するかも課題になっている。

県内の１人あたりの保険料格差が約１・９倍ある奈良県は２０２４年度を目標に県内の保険料水準をそろえることを目指している。県内には加入者が１００人程度しかいない村もあり、１人でも高額の医療を受けると患者が住む村の保険料が跳ね上がる。「県全体で保険料水準を統一すれば、小さな村で高額医療が出ても保険料への影響を吸収できる」と見ている。

長期的には都道府県で保険料を統一した方が望ましいとの見方で関係者は一致するが、保険料を統一した場合に、保険料が下がる市町村は歓迎する一方で、保険料が上がる市町村は反発する。長野県のように保険料格差が3倍を超える県もあり、そろえるのは極めて難しい。そもそも、全国的に国保の保険財政が厳しいなかで、各都道府県で保険料を統一すると、保険料の平均は上がる方向に働く。そうなると保険料が下がる人より上がる人の方が増えることになる。反発が起きやすいのはこのためだ。

２０１９年10月末、厚労省は２０２０年度から国保の保険料の上限額を年96万円から99万円に引き上げる案を社会保障審議会の医療保険部会に示し、了承された。上限額の引き上げは3年連続だ。国保を運営する地方自治体に高所得の加入者の保険料負担を増やすよう促す狙いだが、実際に上げるかどうかは自治体次第だ。現実は引き上げに二の足を踏む自治体が多い。財政健全化のゴールははるか遠くにある。

# 3　かけ声倒れの医療ＩＴネットワーク

## 新潟県・佐渡島からのメッセージ

「お薬手帳はお持ちでしょうか？」

調剤薬局で薬剤師からこう聞かれたことがある人は多いだろう。お薬手帳はいつ、どこで、どんな薬をどれだけ処方されたかを記録するためのものだ。薬剤師にとっては、初めて訪れた患者の状況も一目で把握することができ、接客時間を短縮できる。飲み忘れなどで薬があまっていれば処方数を減らすこともでき、結果的に薬剤費の削減にもつながる。最近ではお薬手帳の「電子版」が開発され、スマートフォンでも利用できるようになった。薬局にお薬手帳を持参した場合に窓口での支払いが安くなる制度が始まるなど、国も普及を後押ししている。

お薬手帳は患者と薬局の間の情報共有の仕組みだ。この仕組みをさらに広げ、病院や診療所、薬局、介護施設が患者の電子カルテや検査画像、処方箋のデータを共有できれば、治療

複数の施設が患者データを共有する

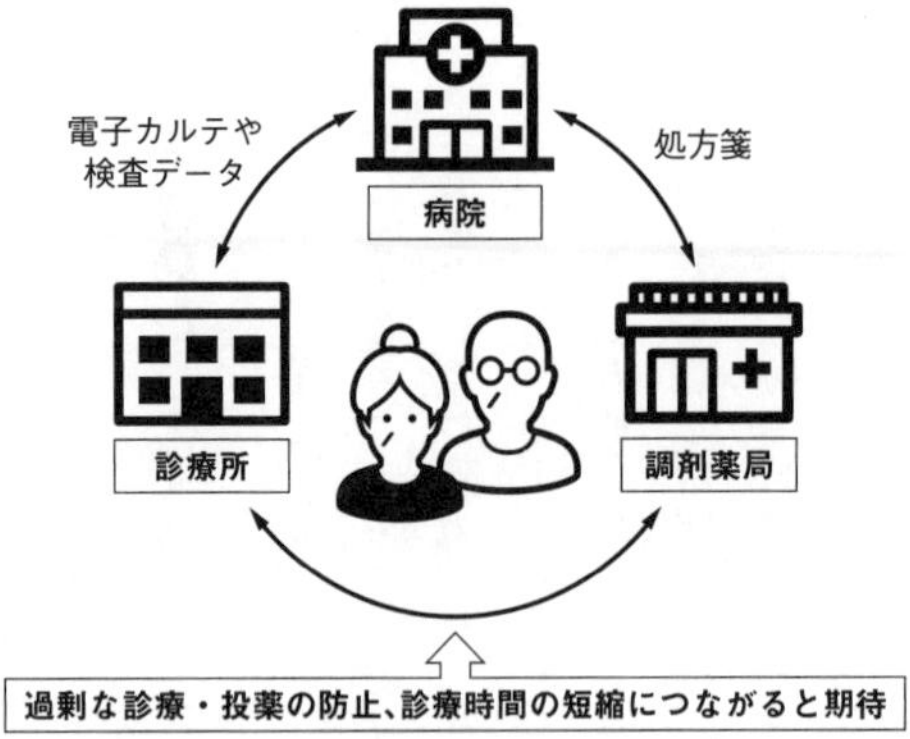


や薬の処方を大きく効率化できる。海外では情報共有システムの導入によって、画像検査の重複が１割ほど減少したとの研究報告もある。こうした目的意識から２０００年代以降、地域の中核病院や医師会が政府の補助金を活用して整備してきたのが「地域医療情報連携ネットワーク」だ。

新潟港から高速船で１時間ほどの距離にある佐渡島。東京23区の約１・５倍の面積を誇るこの島で、国が「医療ＩＴのお手本」と称賛するネットワークが稼働している。佐渡総合病院が中心となって２０１３年度に運用が始まった「さど　ひまわりネット」だ。

２０１８年11月時点の参加施設は78で、島内の施設の６割ほどをカバー。登録患者数は約１万６０００人と、島内人口の３割が利用している計算だ。佐渡総合病院の佐藤賢治病院長によると、病院より介護事業者からの閲覧数が多い傾向にあるという。「介護従事者にとって、サービスの利用者がどんな薬を飲んで、どんな治療を受けているのかの情報は極めて貴重だ」と語る。

佐藤病院長がこれほどネットワークのメリットを実感しているのは、長い間、医療と介護の間で情報が断絶していたことの裏返しでもある。従来の日本の終末期医療は、高齢者が亡くなるまでずっと入院する「病院完結型」が中心だったが、今後は長寿化や医療の進展によって入院と退院を繰り返すケースが増えることが予想されている。佐藤病院長は「ひとりの高齢者に関わる医療、介護従事者が増えるほど、共有システムの価値はどんどん高まっていくだろう」と指摘する。

ただ、すべてが順風満帆、というわけではないようだ。佐渡で一定の成功をおさめた経験から、新潟県内の別の自治体に同じシステムを横展開しようと試みたが、現地の医師会の猛反対を受けて契約寸前に破談してしまったのだという。「他人に医療に関するデータを見られたくないという医者が多い。全国には数多くのネットワークがあるが、まともに動いているのは20から30くらいしかないという噂を聞いたことがある」とも語る。

## 公費530億円投入でシステム乱立、利用者は国民の1％

地域の医療情報を共有するITシステムの実態はどうなっているのだろうか。

日本経済新聞は「地域医療介護総合確保基金」や「地域医療再生基金」といった国の補助金を受けて構築されたネットワークについて、都道府県別の整備状況を調べた。ネットワーク数は合計で211に達しており、都道府県別では北海道の44が最も多く、大阪府の23、東京都の17が続いた。2009～17年度の国と自治体による補助額は計532億円。福島県が最多の116億円で、宮城県、島根県、福岡県が上位に並んだ。2018年11月から2019年2月にかけて、直近の参加施設数と登録患者数を運営者や自治体に聞き取り、119のネットワークに関する回答を得た。

集計した結果は散々だった。薬局や歯科を含む参加施設は計2万9500と、全施設の12％。登録している患者は計137万2000人と、全人口の1％の水準だ。パソコンやスマートフォンの普及に伴い、インターネットは社会の至るところに浸透したが、医療や介護の現場におけるITの活用が遅れている状況が鮮明に浮かび上がってきたのだ。国や自治体から投じられた多額の公費は、ほとんどが無駄に費やされていることになる。

具体例を見てみよう。福岡県医師会の共有システム「とびうめネット」の登録者は約８０００人だ。小川洋知事は２０１７年３月の県議会定例会で、「２０２５年度に29万人」との目標に言及していたが、実態はほど遠い。神奈川県医師会は補助金を活用して県内で５つの実証事業を進めていたが、３つは利用者が低迷し、２０１９年３月で打ち切られることが決まった。

**補助金が多かった都道府県と登録患者率**

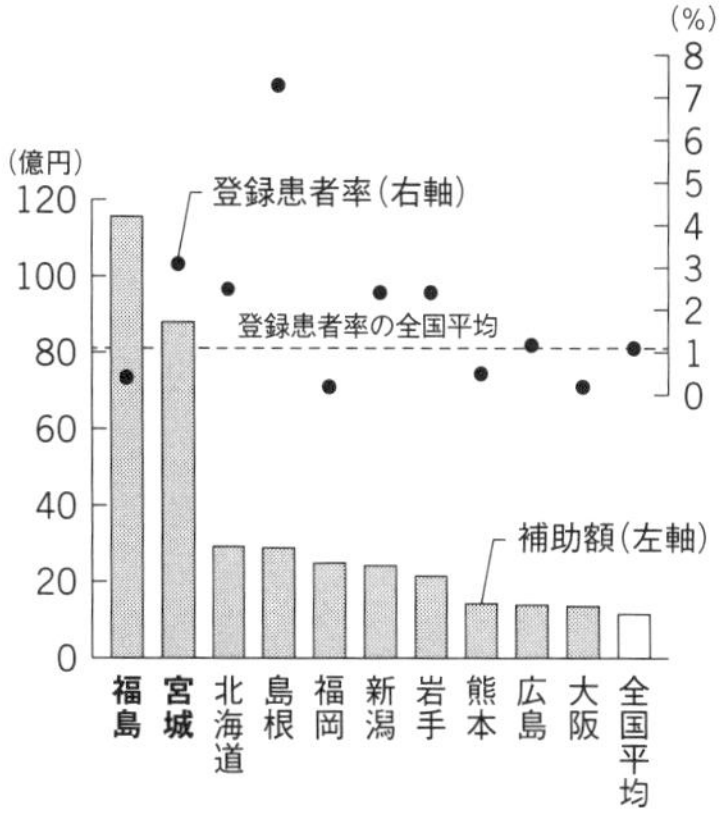


（出所）日本経済新聞調べ

## ひとつのシステムの維持管理に９６０万円

なぜ利用は低迷しているのか。多くの関係者が要因として挙げるのは、重い費用負担だ。日本医師会総合政策研究機構が全国の事業者を対象に実施したアンケート調査によると、システムの維持管理にかかる費用は平均で年９６０万円だった。対象範囲が広く、登録患者数や参加施設が多ければ多いほど、データを保管するサーバーの容量が大きくなるため維持管理費は重くなる。

国によると、都道府県単位のネットワークは2017年10月時点で26ある。西日本で全県単位のシステムを運営する病院関係者は「維持管理に年3000万円程度かかっている」と明かす。

国の基金は原則、サーバーなど設備の投資にしか使えず、維持管理費は参加施設で工面する必要がある。費用負担に耐えられない事業者が脱退し、1施設あたりの会費がさらに増す、との悪循環に陥るケースは多い。名古屋大学の水野正明教授（総長補佐）は全国で普及が進まない理由について「病院は経営が厳しいところが多く、お金にならないものには継続性を与えない」と指摘する。

そもそも日本は電子カルテが普及していない。病院と診療所の普及率は3割台にとどまる。英国やオランダが9割を超すのとは対照的で、データを共有する環境そのものが成熟していない。東京都内のある病院職員は「医療ミスや過剰治療の発覚を恐れ、外部に診療内容を見せたくない医師は多い」と、佐渡総合病院の佐藤病院長の見立てと同様に、医療の閉鎖性を指摘する。

情報共有に患者の同意が要ることも壁だ。首都圏の医師会によると「医師は忙しいので患者にシステムの内容や意義を説明する手間をかけたがらない」という。２０１８年春に稼働予定だったネットワークの参加がゼロの名古屋市内の病院関係者は「情報漏洩を恐れる施設が多い」と利用が低迷する事情を説明している。

ネットワークの整備に活用された「総合確保基金」は２０１４年の消費増税に伴い創設された。使途は医療と介護に分かれ、医療分は病院の病床再編や在宅医療の推進といった「効率的な医療体制づくり」のために使われる。その一環で国は医療のＩＴ化を促してきたが、利用率は期待を大きく裏切っている。事業計画は都道府県庁がつくるが、医療や介護分野の政策立案は、複数の市区町村で構成する「２次医療圏」をベースにすることが多いため地域の事情だけを考慮した「部分最適」の計画になりやすい。結果として、全国に２００を超えるシステムが乱立し、一つひとつの利用状況が低迷する

**共有システムの対象範囲が広くなるほど維持費は高い**

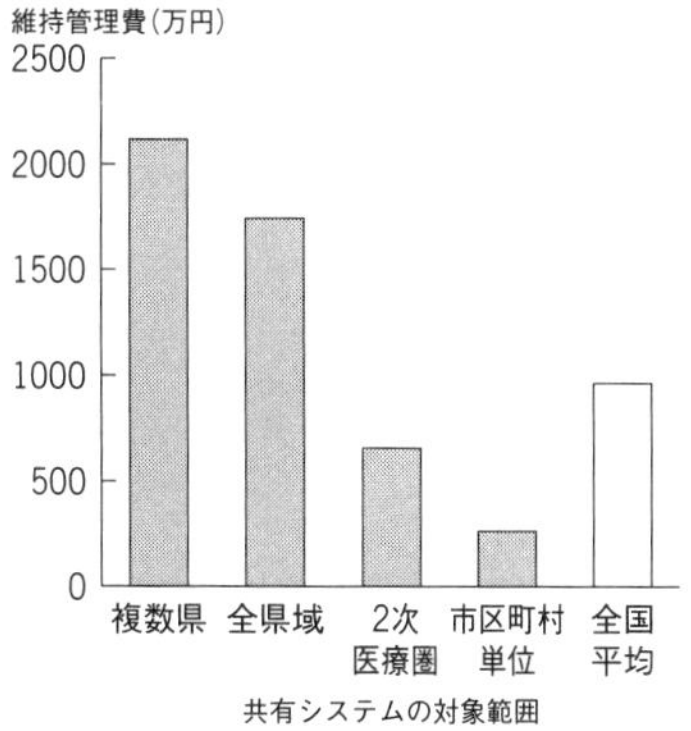


（出所）日本医師会総合政策研究機構

事態を招いている。

医療先進国といわれるオランダは２０１２年に全国で医療情報を交換するシステムをつくった。患者がいつでも見られるように利便性や透明性を高め、いまでは国民の８割以上が参加している。米国では患者データをインターネットで管理・閲覧できる仕組みが普及している。

## 「一元化ありき」に危うさ

厚労省は新たに全国を一つのシステムでカバーする「全国保健医療情報ネットワーク」の構築に動き出した。全国どの施設からでも患者の治療情報や投薬情報を見ることができる仕組みで、２０２０年代の早い時期の本格稼働を目指している。地域ごとに情報網を張り巡らせた従来のＩＴ政策からの事実上の転換といえる。

厚労省側は「病院や診療所が低負担で利用できる新たな基盤になる」と意義を語るが、既存システムの検証は置き去りになっている。厚労省はこれまで、全国の共有システムの事業者に対し、参加施設数や利用者数を聞き取るアンケート調査を実施してきたが、回答に強制力はなく、返答する割合は６～７割ほど。個別の調査票を見ると空欄の部分が多く、精度も疑わしいのが実態だ。同省研究開発振興課の担当者は「市区町村単位で構築しているような小さなネットワークが多く、我々も全容を把握できていない」と認める。

公費の使い道をチェックする独立機関である会計検査院も共有システムの現状を問題視している。２０１９年10月に公表した検査結果によると、18都道県の60システム（交付額約156億円）を抽出調査した結果、システムが１年以上利用できないネットワークが２件（同１３００万円）、利用患者が極端に少ないネットワークが５件（同２６００万円）あったという。検査院は是正策として「整備したあとの運用状況を把握し、事態を改善するために事業主体に対して指導を行うこととするよう都道府県に対して周知する」ことなどを厚労省に求めた。同省は「適切にフォローアップを進めていく」などとコメントした。

全国版の具体像を検討している有識者会議のあるメンバーは「新システムでどんな成果を得られるか、まだ国民は理解できていない」と指摘する。「一元化」ありきで政策を進めれば、過去の投資は無駄になってしまう恐れがある。まずは過去の支出の効果を検証し、教訓を得る必要がある。

教訓の一つは、患者の同意を得やすくするソフト面の対策が重要だという点だ。「阿波あいネット」を運用する徳島大学病院は、専門職員が患者にシステムを周知する特設ブースを院内に設けたことで、登録者は目標を上回るペースで順調に伸びた。永広信治病院長は「患者にシステムの内容を説明して、同意取得の手続きまで医師にやらせるのはとても無理。きちんと専門の場所、スタッフを用意しないと、利用者は広がらない」と強調する。

## 補助金、相次ぐ不適切利用に甘いチェック

地域医療情報連携ネットワークの問題は利用者の低迷にとどまらない。国や自治体の補助金の支給実績を一つひとつ細かく調べると、ルールを逸脱する利用が相次いで見つかった。「基本的に施設・設備整備といったハード事業を想定」。2014年度に導入された地域医療介護総合確保基金の使途に関し、厚労省が自治体向けに作成した説明資料にはこう記されていた。原則、サーバーなど設備投資以外に基金を活用してはならないという内容だ。

ところが、基金の使途を細かく調べると、京都のネットワークでは事務局の経費に使われ、鳥取と香川のネットワークでは設備の維持管理費として充てられていた。広島では宣伝費にまわしている事例があった。

広島の場合は、県が基金の支給先を募る事業者向け文書に、ネットワークの構築に必要な職員手当や旅費も対象経費になるとも明記していた。厚労省研究開発振興課は「見解が我々

と異なる。是正を促す」と指摘する。広島県医療介護計画課は「国のルールを把握していなかった」と釈明する。維持管理費を参加施設からの会費で工面している事業者からは「不公平だ」と不満の声が漏れている。

「同一法人内のシステムには原則、補助しない」という厚労省のルールに反する事例もあった。徳島県の3つの県立病院の電子カルテを統合する事業に対し、基金から2018年度に10億円が拠出された。これは県立病院だけで利用できる閉ざされたシステムであり、本来は補助の対象外だ。厚労省は県職員から事実関係を聴取し、「不適切な使途なら返還も含めて対応を検討する」（研究開発振興課）としている。

ずさんな使用が相次ぐ背景には、行政のチェック体制の甘さがある。補助を希望する医療機関などはまず各都道府県庁に申請書を提出する。担当職員による審査を経て、最終的には厚労省が事業計画の妥当性を判断している。そのチェック機能が十分に機能せず、本来の基金の

**補助金の活用が不適切と疑われる事例**

| 設備の維持管理費などに使った |
| --- |
| • ぎふ清流ネット（岐阜県）<br>• 京あんしんネット（京都府）<br>• びわ湖あさがおネット（滋賀県）<br>• おしどりネット（鳥取県）<br>• HMネット（広島県）<br>• かがわ医療情報ネットワーク（香川県） |

（注）日本経済新聞の聞き取り調査に対する運営者や自治体の回答に基づく

趣旨に沿わない使い方が見過ごされてきた。厚労省の担当者は「限られた時間で全国の計画に目を通す必要があり、細かな使途まで確認できなかった」と釈明する。

財務省出身で法政大学の小黒一正教授は、省庁や自治体間で情報を共有していないことが不適切使用の一因だと指摘する。「監視する人手が足りないなら行政文書などの電子化を進め、過去の補助実績を横断的に把握できる体制を整えるべきだ」と訴える。

公費の管理がずさんなケースには是正を促す厳しい対応が求められる。上智大学法科大学院の楠茂樹教授は「自治体側が国のルールを知りながら、意図的にルールに反する使途に補助していたなら極めて問題だ」と指摘する。そのうえで「悪質な場合は自治体に補助金の返還を求めるべきだ」と国に注文をつける。

一方、個人情報保護の観点から問題視されそうな事例もあった。近畿大学奈良病院（奈良県生駒市）が中核となって運用している「やまと西和ネット」。加盟する薬局が配布していた同意手続きのための書類が、別の共有システムのものだったことが発覚した。もともと別のネットワークに所属していた薬局側が、西和ネットの手続きでも誤って同じ書類を使っていたのだという。

県内の医師からの指摘で発覚。事務局で協議した結果、この書類で取得した同意はすべて無効とすることを決めた。そのため、3万人以上いた登録患者は一時2500人以下にまで減少した。2018年の夏ごろに問題が判明したが、事務局も、交付金を所管する総務省も、いまのところこの事案を公表していない。事務局の担当者は「関係者の誤解を招いたということで同意を取り消した。今後は適切に運用していきたい」と話している。

## 4 「ネット処方薬」普及遠く

### 特区で解禁から1年強、利用わずか16人

名古屋市の北東、愛知県瀬戸市にある調剤薬局大手の日本調剤の瀬戸薬局。3カ月に1度、60キロメートル南の知多厚生病院（同県美浜町）から処方箋が届く。患者が住むのは病院周辺の海に浮かぶ離島だ。薬剤師の野田美佳さんがネット回線のテレビ電話で薬の飲み方を指導し、配送する。野田さんは「対面と変わらず、患者が医療へアクセスしやすくなる」と語る。

遠隔の服薬指導は、診察もオンラインで受けている患者が対象となる（知多厚生病院のオンライン診察の様子、愛知県美浜町）

これは医師のオンライン診療と合わせ、一貫した在宅治療を実現する仕組みだ。副作用リスクの大きい処方薬は薬剤師が効果・用法を説明する「服薬指導」を対面で受け購入するのが原則になっているが、2018年6月に愛知県と兵庫県養父市、福岡市の国家戦略特区に限り、実験的に遠隔の服薬指導が認められた。患者はインターネットで服薬指導を受け、自宅から処方薬を購入することが可能になった。こうした仕組みは医療費抑制につながると期待されている。

厚生労働省は薬剤師が対面販売する規制を緩和し、2020年度にもオンラインの指導を介した「ネット処方薬」の解禁を見据えている。先行実施する国家戦略特区で弾みをつけようとしたのだが、肝心の戦略特区の利用実績がお寒い限りなのだ。

日本経済新聞が関係自治体や薬局へ聞き取り調査したところ、2019年9月までの1年3カ月で制度に参加登録した薬局は29店舗、利用患者は16人だった。薬局最大手アインホールディングスやドラッグストアなど参入した総店舗数より利用した患者が少ない。勢い込んで参加しても利用者はゼロの店舗があり、実験で経験を積む効果もないということになる。

## 煩雑な手続き、逆行するルール

どうしてこれほど利用が少ないのか。その内実を取材すると、要件が煩雑で、追求している利便性と逆行するルールもあることが見えてきた。

制度を利用するにはいくつもの要件をクリアしなければならない。まず、慢性疾患を抱えていてオンライン診療を受診する必要がある。そのうえで、戦略特区の指定地域に住んでいて、最寄りの薬局が遠くなければならない。テレビ電話を使えるといった条件も必要だ。こうした複数の要件すべてを満たす人は多くない。薬局側は「登録しても患者が見つからない」と嘆く。

戦略特区によって利用条件も変わる。兵庫県養父市は最寄りの薬局が自宅から2キロメートル圏内にない場合だが、愛知県は16キロメートルにない場合などとなっている。

オンライン服薬指導が広がれば、患者は処方薬を入手する選択肢が増える。定期的に通院しなくては薬が手に入らない慢性病の場合、交通手段が不十分だったり身体が不自由だった

「ネット処方薬」普及へ課題は山積

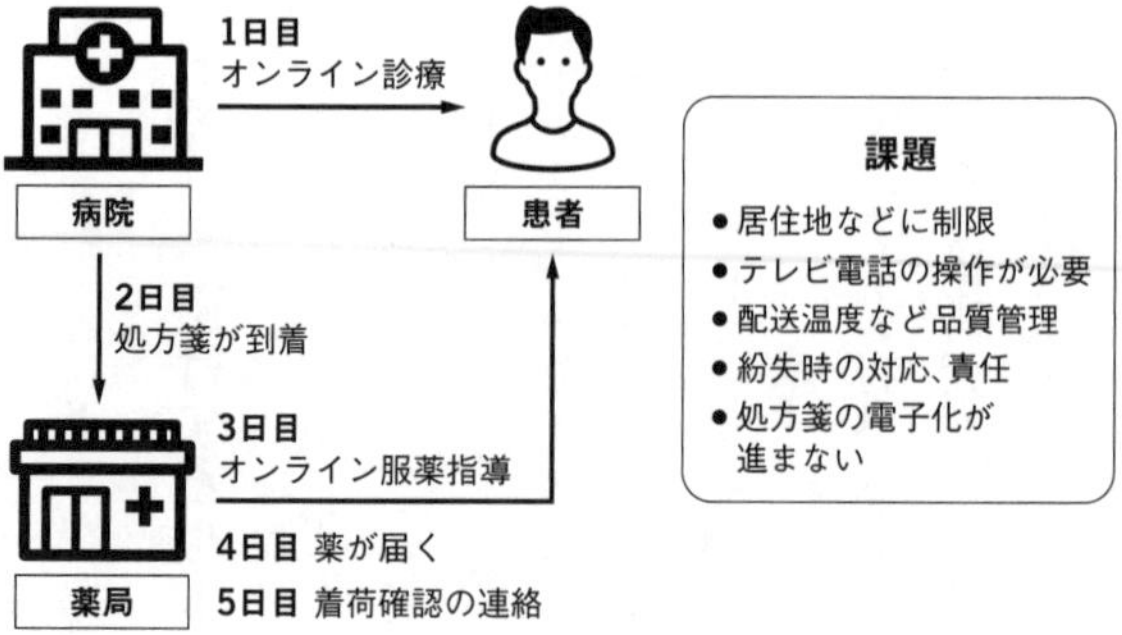


（注）特区の例

り治療を中断する患者もいる。病状が悪化し、結果的に医療費が膨らむこともある。

厚労省はこうした懸念を解消する目的もあり、２０２０年度にも全国でネット処方薬を解禁したい方針だ。遠隔の服薬指導の条文を加えた改正医薬品医療機器等法（薬機法）が２０１９年11月に国会で成立した。２０２０年９月から一定条件下で解禁となる。厚労省の担当者は「戦略特区は実証のため、改正されればルール運用は変わってくる」と話し、詳細は今後詰める考えを示す。薬局、患者ともにメリットを実感できる制度にするには、居住地の制限や、オンライン診療に限るといった点以外にも、克服すべき課題は残る。

## 薬剤師の業界団体は電子化に慎重姿勢

薬局側が指摘するのが処方箋の電子化だ。

制度上、電子化は可能だだが、現実は進んでいない。現行の制度では診療を終えた病院から紙の処方箋の原本が届かなければ薬局は薬の配送準備ができず、処方箋の郵送だけで1日かかる。ネットを利用して診療と薬の購入ができるとはいえ、効率化が進まない面が残る。

冒頭で見た知多厚生病院の宮本忠寿名誉院長は「薬の配送に日数がかかる。テレビ電話端末の使い方の指導や、配送中の薬が紛失した際の責任の所在など整備すべき問題はまだまだある」と話す。

全国の薬剤師10万人の会員を抱える日本薬剤師会は慎重姿勢だ。解禁当初には「処方薬は重篤な副作用を発生する可能性が高く、対面の服薬指導が安全な薬物療法には極めて重要」という内容の声明を出した。日本薬剤師会には医療機関の周辺に店を構える中小店が数多く加わっており、ネット通販に門戸が開かれて産業構造が一変することに危機感を覚える経営者も多いのだ。

その一方で首都圏のある薬局の経営者は「スムーズに対応できるよういち早く準備した

い」という。業界でも温度差がある。

２０１４年にネット販売が解禁された一般用医薬品（大衆薬）はネット通販大手が相次ぎ参入し、中小の薬局にも影響が出た。薬局各社は処方薬の解禁に身構える。米国では処方薬もネットで購入でき、米アマゾン・ドット・コムは２０１８年に処方薬ネット通販の専業を買収して参入した。

国内の調剤市場は大衆薬の10倍にも上る７兆円以上とされる。患者の安全性を担保したうえで、イノベーションを生み出し利便向上につながる制度設計ができるか。停滞気味の規制緩和を進めるだけでなく、医療費を抑制する有効な手立てとするためにも、真正面から取り組むべき課題である。

## 5 インタビュー編 老いる患者、地域医療どう変わる

２０１８年の国会で改正医療法・医師法が成立した。医療の地域間の偏りを是正し、都道府県ごとに病院や医師の配置見直しを促す狙いだ。高齢化と人口減で医療のニーズは変わ

り、医療機関側の対応が急がれる。ただ、総論賛成でも自治体間や病院間の調整はなかなか進まない。厳しい財政のもと、医療のミスマッチを解消し、効率化させる道はあるのだろうか。

## 診療報酬、地域で設定も
### 奈良県知事　荒井正吾氏

奈良県は病院の機能分化にいち早く着手した。複数病院から受け入れを断られた妊婦が亡くなった2006年の事故がきっかけのひとつだ。

当時、県南部は3つの公立病院に医療資源が分散し、拠点機能が曖昧だった。機能を集約した「断らない病院」を新設し、診療成績を改善。ほかの病院は回復期の患者や療養向けに切り替えた。拠点病院の立地や人事の調整など苦労したが、資金調達は市町村と協力して乗り越えた。

民間病院の機能分化も課題だ。中小病院の多くが迅速な処置が必要な急性期を標榜している。なかには救急の看板を掲げるのに実際は救急の受け入れが少ない病院もある。急性期の看板にこだわるのは過去の医療政策が急性期の診療報酬を上げてきた影響が大きい。

医療の過不足を国が診療報酬一本で調整するのは限界がある。診療報酬の変更が地域の医療にゆがみを生むこともある。関係業界の利害調整で決めれば済む話ではない。変更の結果どうなったかを地域単位で検証すべきだ。

医療は需要も提供体制も地域差が大きく、現場の知恵が欠かせない。治療を終えた高齢患者が退院後どんなケアを受ければ幸せか。医療、介護、生活支援を一体で考え、地域実態に応じて支えるのが行政の役割だ。奈良県では山間集落が多くドクターヘリが有効だ。ヘリ発着場など町づくりから市町村と考えていく。

医師の調整が必要な場合もある。ある地域の内科医が多すぎても、不足地域に配置転換できない。過剰な診療で医療費が膨らめば、国民健康保険の保険料が上がり住民負担は増す。たとえば食生活の改善で高血圧を防げれば健康寿命が延びて本人も幸せで結果的に医療費も抑えられる。ただ高血圧薬をどんどん処方するだけの医療機関では困る。

医療費の伸びが想定を超えたときは地域別の診療報酬による調整も選択肢になりうる。医療機関の報酬が減ると警戒する声もあるが、逆に医療費を想定より抑制できれば地域で必要な医療投資に回せる。公的医療保険の財源は税金と保険料であり、費用対効果を考えるのも行政の責任だ。

## 増える「慢性期」対応に遅れ
### 日本慢性期医療協会会長　武久洋三氏

日本では入院患者の過半は75歳以上で複数の慢性疾患を抱えている人が多い。総合診療医が必要だが、自分の専門以外の経験が乏しく、適切に治療できない医師は多い。２００４年の新研修制度まで40年近く、自分の専門科だけ診る研修制度が続いた影響だろう。

病院の体制は需要とズレが広がっている。患者の大半は慢性疾患を抱えているのに一般ベッドのほとんどは急性期向け。急性期の治療は約2週間で終わる。人気の病院は次の患者がすぐ入院するが、そうでない病院はベッドが空かないよう入院を続けさせる。２０１４年まで診療報酬制度に抜け穴があり、急性期報酬を受けとりつつ入院が90日を超す患者を抱える病院もあった。日本の入院期間が海外と比べ長いのはこうした「社会的入院」があるからだ。

高齢者に最適なリハビリや栄養管理を提供できない病院も多い。身体が弱い高齢者は入院後2週間以上ベッドに寝たままだと身体機能が衰える。手術直後からリハビリすれば改善するが、できない病院もある。

病院が急性期を名乗りたがるのは経営のためだ。急性期の診療報酬は患者1人1日4～5万円に対し、慢性期はほぼ半分。急性期を標榜しないと外来患者が減り、看護師も集めにくい。

だが環境変化で病院は対応を迫られている。介護保険の導入で居住系施設ベッドが120万床も増えた。病院ベッドが倍になったような話だ。病院が患者を選ぶ時代から患者が病院を選ぶ時代に変わり、病院のM＆A（合併・買収）が急増。入院での受け入れを止め、外来専門に切り替える病院もある。

診療報酬で医療の効率化を目指す方向は明確になっている。急性期病院は手術実績などデータ基準を満たす必要がある。慢性期病院も患者を抱えず治療するのが役割だ。データで実力を「見える化」すれば、患者も病院を選びやすくなる。

診療報酬には工夫の余地がある。診療行為の量で報酬を決めると、病院は自らの報酬増を優先した診療行為を選びかねない。成果報酬を導入し、実績に応じて報酬が変わる仕組みにすれば患者に最適な診療・リハビリを促すだろう。

## 数量調整から役割分担へ

### 元厚生労働省医政局長　武田俊彦氏

今回の法改正は医療提供体制を適切に組み替えるのが主眼だ。団塊世代が75歳以上になる2025年をにらんで、都道府県がつくる「地域医療構想」を推進するのが柱となる。

患者が高齢化し以前のように手術後に元の生活に戻るのでなく、術後も完治しない人は多い。リハビリが重要だ。自宅で暮らしつつ具合が悪くなれば入院する人も増える。個別疾患の治療に集中する従来の急性期病院では対応しきれない。

従来はベッド数の規制で量を制御しようとしたが、いまは機能転換に重心が移った。ただ、日本は病院の8割が民間なので強制的に機能を変えさせられない。

高齢化の速度は地域で異なるので、全国一律ではなく都道府県主導で取り組む必要がある。国の役割は地域の医療データを整備・提供して支援することだ。

県など自治体と病院が協議し、役割分担を進める調整会議がカギを握る。地域の病院が互いの診療実績などのデータを共有し、周辺の病院と比べた自院の競争力を認識できるようになる。中小病院が自前ですべて対応するより病院が連携して役割分担する方が効率的で、医療の質も上がる。

病院同士で実際に調整するのは難しいが、以前と異なり病院は地域の人口減で患者が減ることを現場で実感し、生き残るには変わる必要があると自覚している。複数の病院が協力しやすい地域医療連携推進法人という仕組みもつくった。

介護との連携も重要だ。在宅系施設を整えれば、自宅に一人で暮らせなくなった高齢者も地元に住み続けることができる。療養病棟などから転換する「介護医療院」が在宅系施設として2018年度から始まった。

改革プラン策定は公立病院が率先すべきだが、事情は地域で異なる。民間病院のない地方では救急医療を担いつつ、在宅医療も手掛ける公立病院もある。一方で東京など都市部は民間の大病院が密集し、公立病院の役割と適正規模を改めて線引きする必要がある。

医療提供体制は県単位が望ましい。だが、地域別の診療報酬は適正に診療している医師にも影響するなど副作用があるので個別に判断すべきだ。

## 細る現役世代、ひずみ直視を

**早稲田大教授　野口晴子氏**

医療体制の見直しは高齢者の需要変化に即して介護と一体で進めるべきだ。政府は医療・介護ケアの在宅シフトを進めてきたが、高齢単身世帯の急増で今後は調整が要る。住居が広域に点在する地方で各戸を訪問しケアを提供するのは難しい。一部自治体が実施したように、独り暮らしの難しい高齢者が住み替えできる集合住宅を整え、そこにケアを届ける工夫も必要だ。

そこでは医療や介護を担う現場スタッフの連携が重要になる。一部地域では中核となる医師のリーダーシップで介護事業者と協力し患者本位のケアを提供している。だが多くの地域は医療と介護の提供者がそれぞれ縦割りのケアを続け、効率が悪い。自治体が調整力を発揮するのが望ましい。

費用対効果の視点も欠かせない。中央社会保険医療協議会は高額な薬剤の登場を踏まえ、生活の質を維持しつつ1年延命するのに公的保険でもつべき費用の上限について国民の意識調査を検討した。人命に値段はつけられないなどの反対で実施は見送られたが、必要な視点だったと思う。

日本は高齢者の負担を軽く設定してきたため医療や介護はタダに近いような錯覚がある。実際は高齢者本人が負担しないコストを現役世代が代わりに負担し、少子化で支え手が減るので肩代わり負担は一段と重くなる。意識調査すればこうした問題の理解が進んで、政策の選択肢は広がる。

費用対効果も医療と介護を一体で考えることが大事だ。医療保険の生活習慣病対策は個人による運動などを軸とする。だが生涯医療費をどの程度抑えるかは分からず、むしろ高齢者の身体機能を保つ対策で介護費を抑える方が確実かもしれない。政策判断にはデータがいるが、いまはデータがないので議論に入れない。

米国では高齢者向けの公的保険メディケアが病院の診療報酬データを集め、加入者が受けた診療内容と結果、コストを分析している。個別病院の結果も提供し、地域ごとに病院の診療実績を比べられる。日本も同様にデータを分析すべきだが、政府は体制整備に及び腰だ。行政官や政治家が裁量余地を保ちたいのではないか。

第4章

# 終の棲家、どこへ

# 1 膨らむ「おひとり様」リスク

## 全国の単身高齢者は、兵庫県の総人口より多い593万人

「介護施設に入りきらない一人暮らしの高齢者を、隣の県内の施設で受け入れることを検討してほしいと要請した自治体があるようだ」

地域の医療や介護に詳しい関西地方のある大学教授からこんな話を耳にした。最近は「単身高齢者が大都市で急増しているのではないか」という話をよく聞くようになった。平均寿命が長くなるなか、女性は男性より平均寿命が長く、夫に先立たれる妻は増える。高齢夫婦同士の「老老介護」から一人暮らしになる。

生涯未婚で、頼る家族がいない高齢者も増えている。一人暮らしの受け皿が見当たらず、「介護難民」が大量に発生する恐れが出ているのだ。

そもそも、日本各地にどれほど単身高齢者が増えているかがはっきりしない。社会保障の将来像を考えるうえでも実態をつかんでおく必要がある。日本経済新聞は2000年以降の

全市区町村のデータを集めて分析してみることにした。

取り扱ったデータは5年に1度実施されている国勢調査だ。2000年、2005年、2010年、2015年に実施された4回分の公開データで集計してみると、65歳以上の単身者は2000年の約303万人から1・9倍に増えて約593万人に上っている。

「593万人」と聞いても実感が湧かないかもしれない。2015年の都道府県人口に当て

**都道府県人口**

| 順位 | 都道府県 | 人口（万人） |
|---|---|---|
| 1 | 東京 | 1352 |
| 2 | 神奈川 | 913 |
| 3 | 大阪 | 884 |
| 4 | 愛知 | 748 |
| 5 | 埼玉 | 727 |
| 6 | 千葉 | 622 |
| 2015年の単身高齢者 | | 593 |
| 7 | 兵庫 | 554 |
| 8 | 北海道 | 538 |
| 9 | 福岡 | 510 |
| 10 | 静岡 | 370 |
| 2000年の単身高齢者 | | 303 |
| 11 | 茨城 | 292 |
| 12 | 広島 | 284 |
| 13 | 京都 | 261 |
| 14 | 宮城 | 233 |
| 15 | 新潟 | 230 |

（出所）国勢調査（2015年10月現在）

はめてみよう。２０００年の「約３０３万人」は、２０１５年の都道府県別人口で11位の茨城県（約２９２万人）を超え、10位の静岡県（約３７０万人）の間となる。15年後の２０１５年の「約５９３万人」を比べると、順位は上がって7位の兵庫県（約５５４万人）を超え、６位の千葉県（約６２２万人）の全住民に迫る高齢者が全国で一人暮らしをしていることになる。

単身高齢者は長寿・未婚化の影響で、国立社会保障・人口問題研究所が２０００年の国勢調査を基に推計した結果より5年ほど早い勢いで増えており、一般世帯に占める割合は11・1％に達した。単身高齢者は専門家の想定以上のスピードで増えている。

## 三大都市圏でも1割超え、横浜、名古屋は10万人突破

次に単身高齢者の都市部への集中度合いを探った。２０００年以降の国勢調査データを合併の影響を考慮して市区町村別に統合してみると、単身高齢者は、三大都市圏（1都2府5県）では15年間で2・1倍の２８９万人に達している。全国では1・9倍に増えていたが、三大都市圏ではそれを上回るペースだ。高齢化が先行した地方より、大都市での増え方が深刻になっている実態が浮かび上がった。

15年間で単身高齢者が２倍以上に増えた自治体は全１７４１市区町村の４割弱を占める。三大都市圏を構成する関東１都３県、近畿２府１県、愛知県に集中していた。団塊世代が持ち家を求めた埼玉や千葉の郊外の多くが３倍強に膨らんだ。三大都市圏の単身高齢世帯の比率は10・９％で、４・８ポイント上昇した。

こうしたデータを市区町村別に地図上で「見える化」したところ、首都圏は東京を中心と

**多くの郊外都市では3倍超に**
**(2000〜15年の単身高齢世帯の増加倍率)**

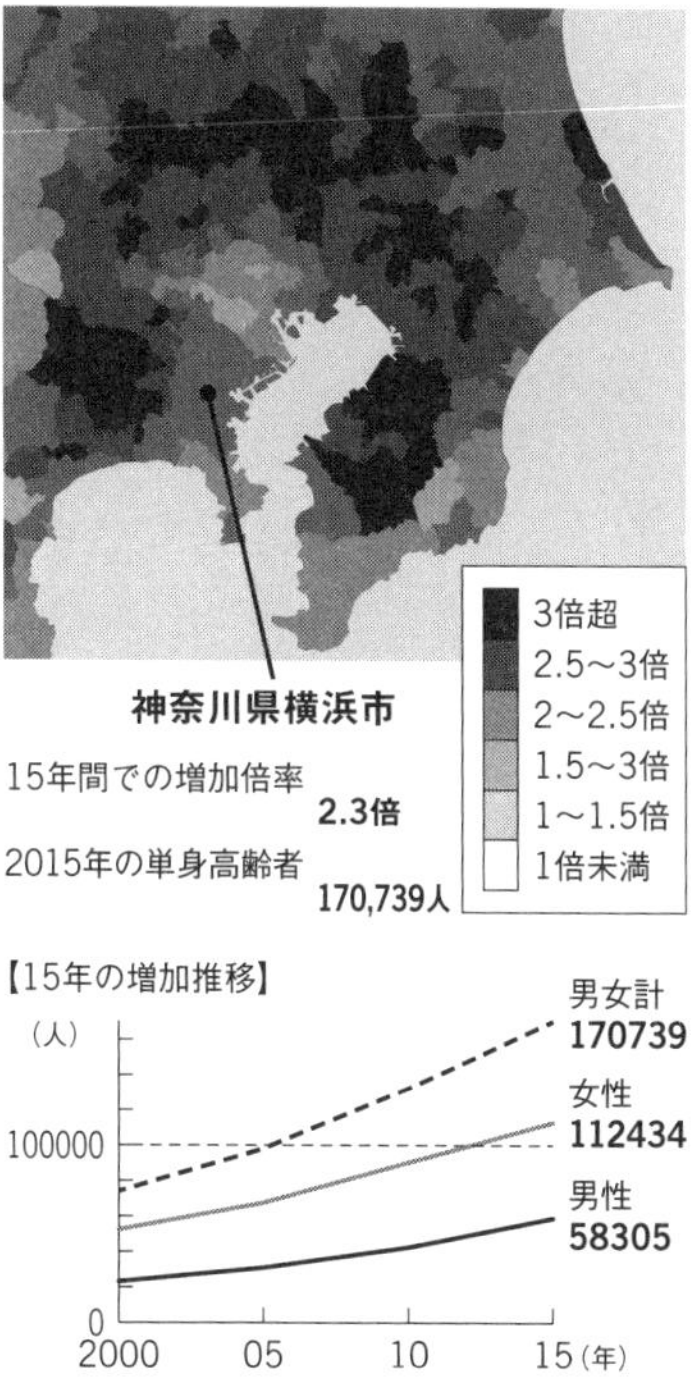


（出所）国勢調査を基に日本経済新聞調べ。日経電子版のビジュアルデータ（https://vdata.nikkei.com）に掲載している「ひとり暮らしシニア増減マップ」

ひとり暮らしシニアマップ

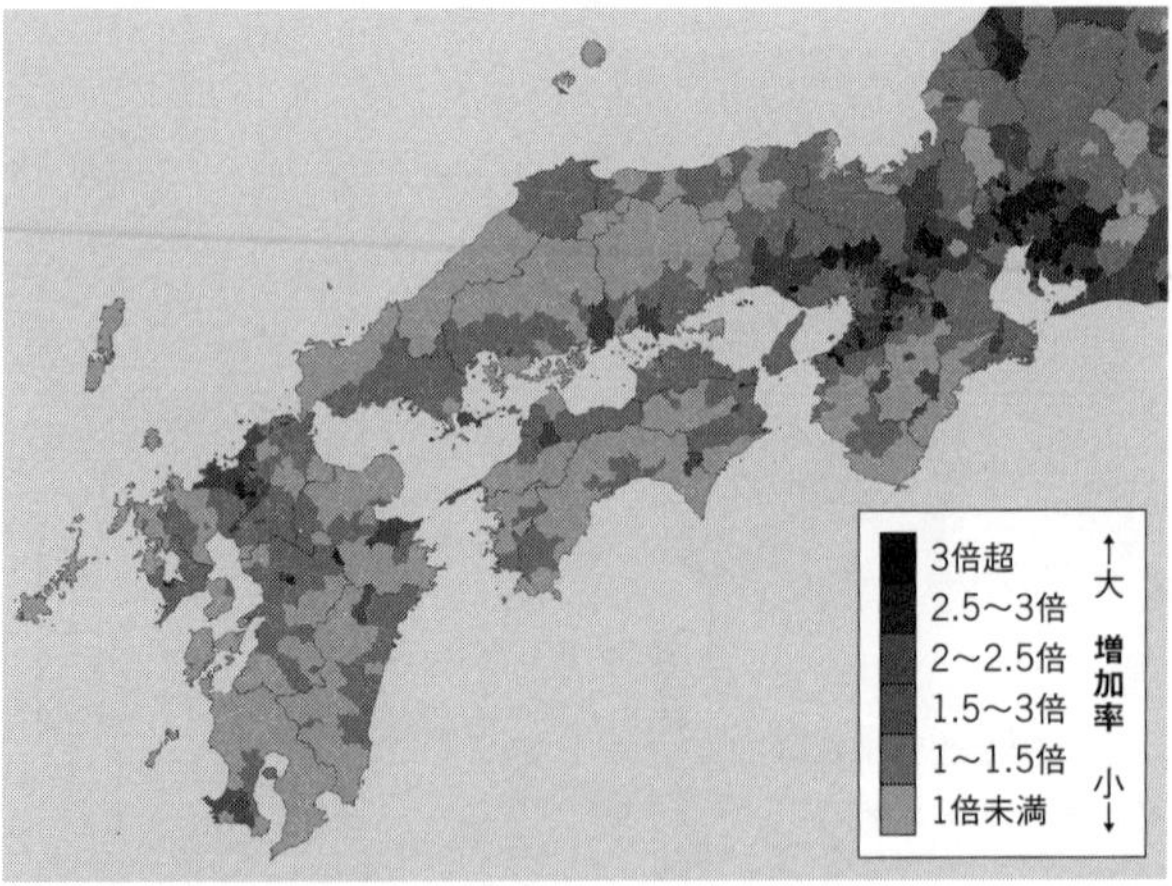


日経電子版のビジュアルデータ（https://vdata.nikkei.com）に掲載している「ひとり暮らしシニア増減マップ」

して多くの郊外都市で単身高齢者の増加率が3倍を超え、「ドーナツ化現象」が起きていることが分かった。都心部から郊外に延びる鉄道の終着駅付近の増加率が特に多い傾向があり、高度成長期に郊外に開発された住宅地や集合住宅に入居した団塊の世代を中心に、配偶者に先立たれるなどした一人暮らしの高齢者が急増している様子が見えてくる。

郊外の増加率が高い傾向は名古屋市周辺、大阪市周辺も同じような傾向がみられた。一方、福岡市周辺ではドーナツ化現象は見られない。名古屋市や大阪市ほど地価が高くなく、福岡市中心部の近いところにマイホームを持っていた人が多かった可能性がある。

市区町村別で単身高齢者の実数が最も増えたのは横浜市で、２・３倍の17万1000人となった。名古屋市は12万人に倍増し、東京23区全体は８割増の53万9000人となった。いずれも単身高齢世帯比率は１割を超えた。三大都市圏で１割を超す自治体は11倍の221市区町村となり、全体の６割を占めた。

## 一人暮らし高齢者の要介護認定率は２〜３倍に

都市は地域で助け合う基盤が弱く、一人暮らしを支える自治体の負担は地方より重くなる。顕著なのは大阪市だ。単身高齢者は2005年に１割を超え、2015年は最多の20万人強。同市介護保険課は「単身高齢者の増加が介護給付費の上昇につながっている」と断言する。

単身高齢者の2017年の要介護認定率は36％で、同居人がいる場合の２倍強となっている。介護サービス利用率も８割と高く、2018〜20年度の介護保険料は月8000円弱で1000円以上高くなった。横浜市も認定率に３倍近い開きがあった。

公共政策に詳しい一橋大の小塩隆士教授は「単身高齢世帯の１割超えは危険な兆候だ」と

単身高齢者の増加数が多い市トップ10（2000〜15年）

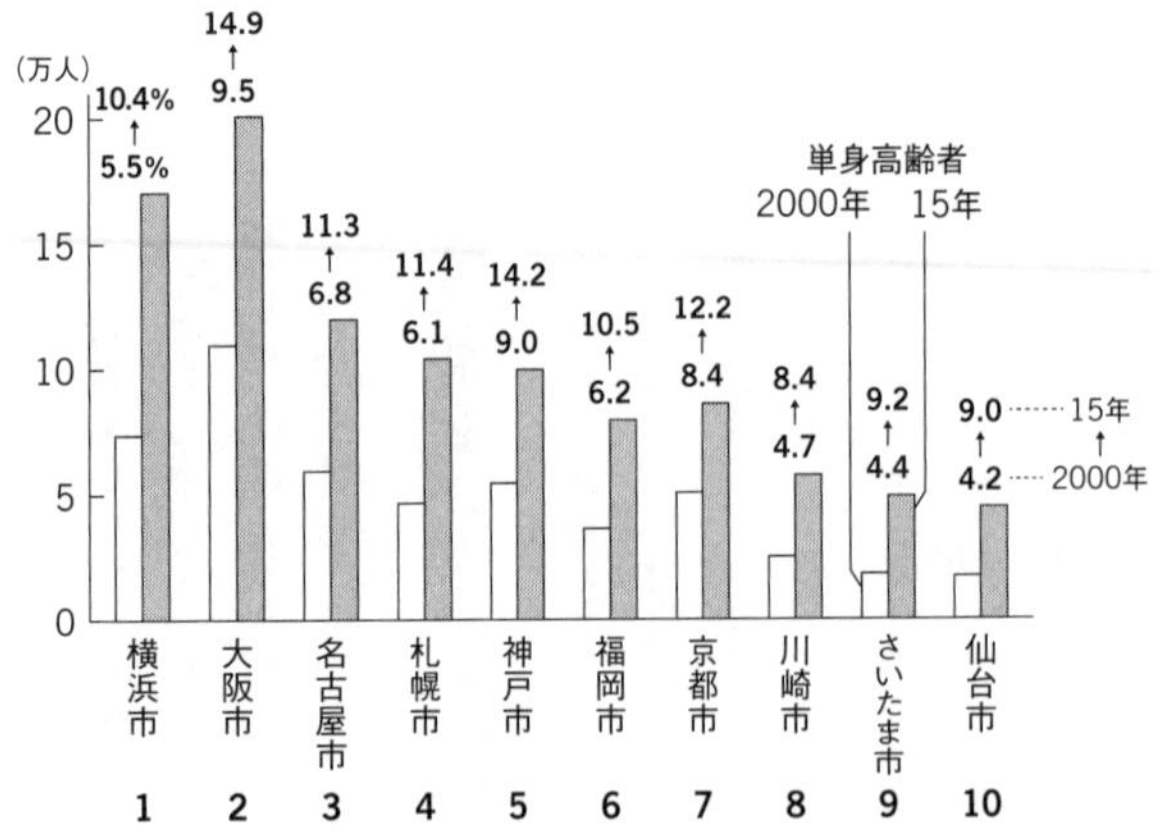


（注）国勢調査を基に作成。パーセントは一般世帯数に占める単身高齢世帯の割合の変化

訴える。単身高齢者は低年金が多くて生活保護の対象になりやすく、影響は社会保険にとどまらないからだ。「対象は少数と想定した生活保護制度の財政基盤は脆弱だ」と語る。

市町村決算や総務省のデータと重ねて分析すると、単身高齢者の増加は老人福祉費や生活保護費など扶助費の伸びと強い相関があり、自治体財政を圧迫していた。

大阪市は２００５年に財政改革を迫られ、人件費や公共投資のほか、新婚向け家賃補助や幼稚園の予算を削減した。同市財源課は「高齢者への義務的支出は簡単に減らせず、財政の硬直化は進んでいる」と頭を悩ます。支出に占める扶助費の割合は当時の22％から2018年度は32％に増えた。

国立社会保障・人口問題研究所によると、2040年の単身高齢世帯比率は18％弱の見通しだ。みずほ情報総研の藤森克彦主席研究員は「単身高齢者の質が変わる」と、都市での未婚率上昇を注視する。「配偶者や子供がいない人が増え、想定以上に介護保険の需要が高まる」（藤森氏）からだ。

## 「ハコモノ」重視から「在宅」へのシフト急務

だが各市の介護保険事業計画をみると、特別養護老人ホームなど「ハコモノ」に重きを置く事例が目立つ。大型施設はサービスを効率化できるが、建設や修繕の費用負担が重い。都市部は適地も限られ、施設中心の政策は早晩行き詰まる。

限りある財源を在宅サービスにシフトする必要がある。その柱が住み慣れた場所で介護、医療、生活支援を継ぎ目なく提供する地域包括ケアだ。見守りや介護予防もまじえ、単身高齢者の自立を支えれば社会保障費の削減につながる。

千葉県柏市にある豊四季台団地では、単身高齢者の増加に危機感を抱いた市は2014年

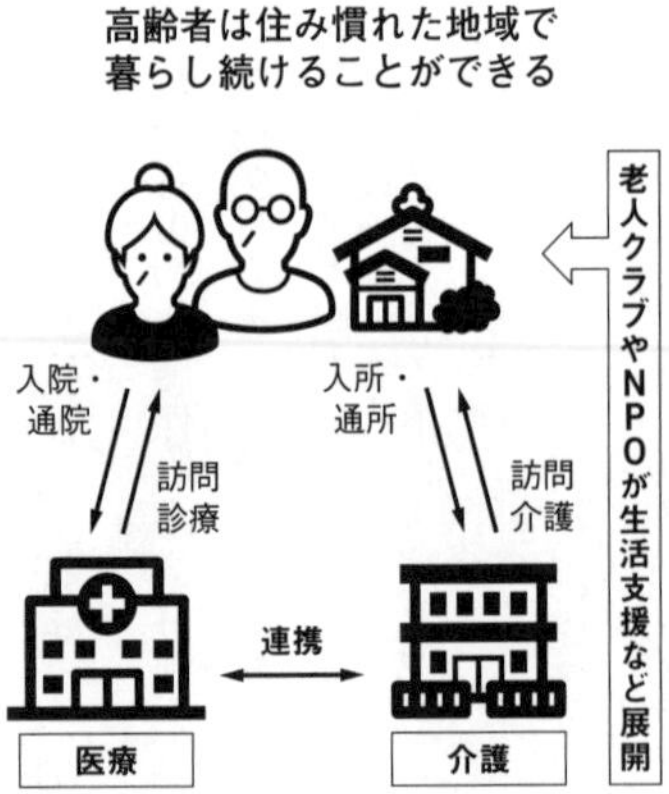


に見回りなどのサービス付き高齢者住宅に建て替え、医療・介護施設を集約した。住民は訪問サービスを受け、入院しても再び自宅に戻れる。学童保育などで高齢者が働き、支え合う仕組みを取り入れた。

ただ、こうした成功例は少ない。一人暮らしの高齢者が急増するなか、在宅の介護や家事援助を通じて自立を支える「地域包括ケアシステム」が欠かせず、国は新たな定期巡回事業を介護保険に導入するなどして地域包括ケアを促すが、使い勝手が悪く、浸透していないのだ。

## 在宅介護、人手不足や採算性の低さで撤退相次ぐ

「6年間で1億円以上の赤字が出てしまった」。横浜市で介護施設を営む男性はこう語る。手掛けていたのは通い、訪問介護、短期宿泊を組み合わせる「小規模多機能型居宅介護（小

主な地域密着型サービス

| 事業所数 | 利用者数 | |
|---|---|---|
| 定期巡回・随時対応型訪問介護看護 | | |
| 868 | 2万1200人 | ヘルパーらが自宅を定期的に訪問。緊急時は夜間でも対応。2012年にスタート |
| 小規模多機能型居宅介護 | | |
| 5363 | 9万5500人 | 通所・宿泊・訪問介護を柔軟に組み合わせたサービス。2006年開始 |
| 看護小規模多機能型居宅介護 | | |
| 434 | 8600人 | 事業所に看護職員が常勤し、看護と介護のメニューを一元提供。2012年に旧名称で開始 |

（注）2018年4月時点。短期利用除く
（出所）厚労省調べ

多機)」。利用は10人程度と定員の半分に満たなかった。2018年4月、認知症患者を対象とするグループホームのみの運営に転換した。

小多機は2006年に介護保険制度に導入された24時間対応サービス。前もって予定を確定する通所介護（デイサービス）や訪問介護と違い、利用者の都合で柔軟に組み合わせられる利点がある。利用頻度を問わずに定額であることも特長になっている。このため保険者と利用者の双方に利点があり「在宅ケアの切り札」といわれた。

だが、実態は事業者の撤退が相次ぎ、利用者も伸びない。横浜市は2018年10月までに累計172カ所の事業者を指定したが、うち12カ所が撤退した。休止状態の事業者もある。横浜市は施設整備に最大3200万円の補助金を出すが、一定期間を過ぎれば返還義務はなくなる。公費の一部は無駄に終わった。

国は2012年にヘルパーや看護師が利用者宅を定期巡回するほか、いつでも呼び出しに応じる「定期巡回・随時対応型訪問介護看護」を導入した。小多機と同様に定額とし、施設から在宅へのシフトを後押ししようとした。

**定期巡回の訪問介護・看護サービスの実績は計画を下回る**（2017年度の実績）

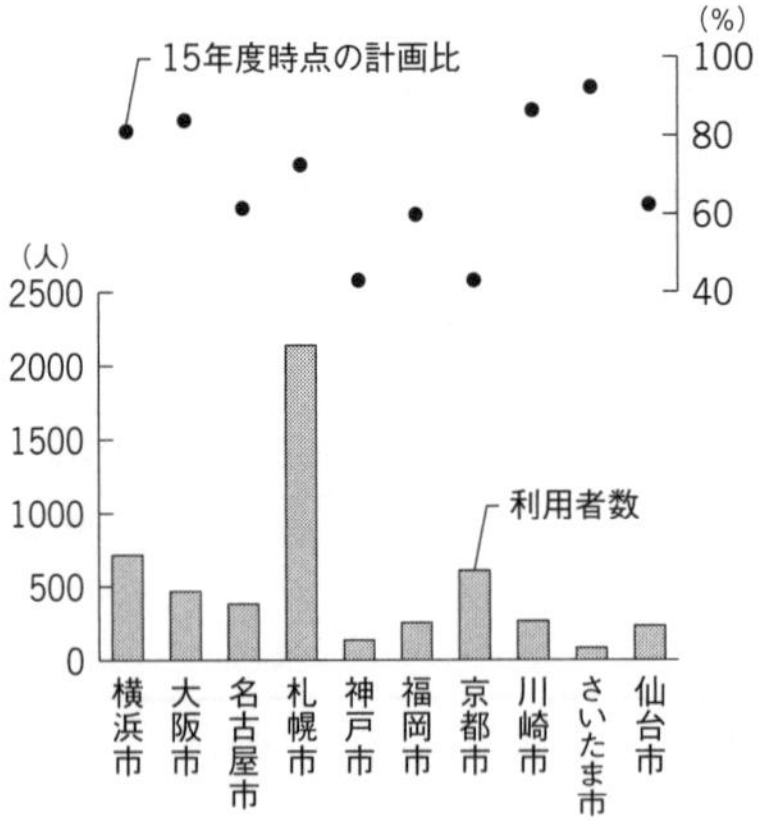


（注）月平均。各自治体への取材を基に作成

ところが、その効果は乏しい。日本経済新聞が横浜市や大阪市、名古屋市など単身高齢者の増加数の上位10市を対象に、生活密着型サービスといえる小多機と定期巡回の利用実態を調べたところ、多くの自治体でかけ声倒れになっていた。

2015～17年度の介護保険事業計画を分析すると、2017年度の利用者数はさいたま市や札幌市の一部などを除き4～8割台にとどまっていた。定期巡回の場合、神戸市と京都市の利用は43％。仙台、福岡、名古屋の3市は約6割しか利用がなかった。

## 「理想と現実のギャップが大きい」

主因は採算性の低さだ。事業者はどれだけサービスを提供しても、報酬は変わらない。利用者が増えなければ利益を得られない。人材不足で十分に職員を抱えられず、要望に応じられなくなる悪循環が生じている。

名古屋市社会福祉協議会は２０１７年3月に定期巡回をわずか4年で廃止した。運営は綱渡りだった。

協議会の幹部は「国がイメージするような運営は難しい」と指摘する。国の資料が示す事例は1回あたり30分程度の訪問を想定しているように見える。だが実際は平均45分。2時間以上の事例もあった。利用者1人に対し、訪問は1日3・5回で、計11人の介護福祉士では「利用者7人で手いっぱいだった」という。

訪問時間は遅れがちになり、利用満足度も上がらない。採算割れを防ぐ月20人強の利用目標に遠く及ばず、毎年４０００万円前後の赤字をたれ流した。担当者は「地域包括ケアの先例をつくるために丁寧に地域を回ったが、コストだけがかさんだ」と振り返る。

制度を利用するハードルも高い。事業者を変えて小多機を利用する場合は、ケアマネジャーを利用先の人材に変更する必要がある。横浜市の介護事業指導課は「慣れ親しんだケアマネと関係が切れるのを嫌がる利用者は多い」という。

名古屋市の介護事業者社長は「柔軟な制度というのは幻想」と訴える。ある自治体の介護保険担当者も「国、事業者、利用者のそれぞれの理想と現実にギャップがありすぎる」と嘆き、サービスが細分化されすぎて浸透しないと指摘する。

介護を社会で支えるために2000年に創設した介護保険は、負担軽減を狙い給付ルール改定を繰り返してきた。その効果は薄く、むしろ利用者の実態からかけ離れていった。国の推計では2040年度の介護分野の社会保障費は2018年度比2・4倍の26兆円に膨らむ。国や自治体は単身高齢者の実態と向き合った地域包括ケアの仕組みを築かなければ、社会保障制度は漂流したまま持続性を失ってしまう。在宅ケアのサービスを根本から見直す時期にきているのではないだろうか。

# 2 足りないはずの「特養」、実は空いている

## 世田谷区の新設特養、3割が空きの理由とは

世田谷区にある定員96人の特別養護老人ホーム（特養）を記者が訪ねたのは、2018年の秋が深まっていたころだ。この施設は前年の夏に開業し、当初の目標では半年で満床にするはずだったが、1年以上たっても半分のベッドが空いていた。副施設長に理由を聞くと、こんな答えが返ってきた。

「職員の採用が思うように進まず、受け入れを抑制せざるをえないのです。求人媒体を活用したり、学生にアプローチしたりしてきたが、より時給の高い渋谷区などの施設に人材が流れてしまって……」

2018年4月に開業した定員110人の「世田谷希望丘ホーム」も、その年の秋時点で3割が空いたままだった。3カ月で満床というもくろみは空振りに終わった。ここでもネックになったのが人材確保の問題だった。特養では入所者3人に対して職員1人を配置すると

高齢者向け介護施設・住宅の概要

| | 特別養護<br>老人ホーム | 有料<br>老人ホーム | サービス付き<br>高齢者向け住宅 |
|---|---|---|---|
| 主な<br>運営主体 | 自治体、社会福<br>祉法人（社福） | 民間企業、医療<br>法人、社福 | 民間企業、医療<br>法人、社福 |
| 定員・<br>登録数 | 54万2000人<br>（2017年10月） | 48万7000人<br>（2017年6月） | 23万6000戸<br>（2018年10月） |
| 対象者 | 入所は原則、<br>要介護3以上 | 自立～要介護者 | 自立～要介護者 |

（出所）厚生労働省、国土交通省など

いった国の基準がある。この施設の場合、基準を満たすだけの人員はいるものの、渡辺博明総合施設長は「実際には入所者2人程度に職員1人を充てないと十分なサービスを提供できない。拙速に受け入れると介護事故につながるおそれもある」と、悩ましい状況を打ち明けてくれた。

特養は介護を必要とする65歳以上で、在宅介護の難しい人が暮らす代表的な高齢者向け施設だ。主に自治体が補助金を出して建設し、社会福祉法人が運営する。入所者は食事や入浴、排せつなどの介護や健康管理の支援を受けられる。民間の有料老人ホームより安価な施設が多いため、高齢者向けの施設や住宅のなかでも人気が高い。２０１５年度に新規入所者を要介護度が高い人に絞り、ピーク時に50万人以上いた全国の待機者はその後、約30万人に減ったが、いわゆる「待機老人」の問題は解消にはほど遠い。

そんな「需要に供給が追いついていない」と思われていた特養だが、世田谷区の2施設が示すように、実際には空床が目立つところも少なくない。世田谷区全体では2018年3月末で1800人が待機していたが、100床以上が埋まっていない状況だった。

## 首都圏で6000人分の空きが発生していた

世田谷区で起きていることは、ほかの地域でも起きているに違いない。日本経済新聞は取材の範囲を首都圏全体に広げ、東京、神奈川、千葉、埼玉の1都3県やその市区町村に対し、2017年4月から2018年9月までの特養の稼働状況を聞き取った。その結果は想像以上のものだった。

定員全体の13万8000床のうち約6000床が空いていることが分かったのだ。当時で6万5500人とされる特養待機者の9%強だ。厚生労働省によると、全国の空きは2017年9月末で1万7000床と待機者の6%弱なので、首都圏の空床の多さが際立った形となった。

事業を広域調整する老人福祉圏域で見ると、空きベッド数を定員で割った空床率が最も高

**埼玉県で空きが目立つ**（特養の空床率が高い地域）

| | 老人福祉圏域（空床率％） | 圏域の構成自治体 |
|---|---|---|
| 東京都 | 区西南部（8.0） | 目黒区、世田谷区、渋谷区 |
| 埼玉県 | 西部（7.6） | 所沢市、飯能市、狭山市、入間市、日高市 |
| | 川越比企（7.3） | 川越市、東松山市、坂戸市、鶴ヶ島市、毛呂山町、越生町、滑川町、嵐山町、小川町、川島町、吉見町、鳩山町、ときがわ町、東秩父村 |
| | 利根（7.2） | 行田市、加須市、羽生市、久喜市、蓮田市、幸手市、白岡市、宮代町、杉戸町 |
| 神奈川県 | 県西（6.7） | 小田原市、南足柄市、中井町、大井町、松田町、山北町、開成町、箱根町、真鶴町、湯河原町 |
| 埼玉県 | 東部（6.6） | 春日部市、草加市、越谷市、八潮市、三郷市、吉川市、松伏町 |
| | 南部（6.6） | 川口市、蕨市、戸田市 |
| | 南西部（6.4） | 朝霞市、志木市、和光市、新座市、富士見市、ふじみ野市、三芳町 |
| | 秩父（6.3） | 秩父市、横瀬町、皆野町、長瀞町、小鹿野町 |
| 東京都 | 北多摩南部（6.2） | 武蔵野市、三鷹市、府中市、調布市、小金井市、狛江市 |

（注）空床率は圏域内の特養の空きベッド数を定員数で割って算出。2018年4月～6月時点。神奈川県の県西圏域は空きベッドを把握していない小田原市、大井町を除く
（出所）日本経済新聞調べ

いのは目黒、世田谷、渋谷の都内３区で構成する「区西南部」の８％。２～４％の都の他区部を大きく上回った。埼玉県の空床率の高さも目立ち、所沢市や飯能市などを含む「西部」や川越市や東松山市などの「川越比企」、行田市や久喜市などの「利根」はいずれも７％を超えていた。

## なぜ埼玉県の特養の空床率が高いのか

特養に空きが出る要因のひとつは、世田谷の事例が示すような介護人材の不足に伴う受け入れ抑制の動きだ。だが、ほかにも様々な要因が複雑に絡み合って生じた現象といえる。

たとえば、有料老人ホームのような民間施設との競合も最近は目立っている。首都圏の特養の定員は２０１７年10月時点で13万４０００人と直近４年間で18％増えた。だが、有料老人ホームは32％増の14万８０００人、見回りなどのサービス付き高齢者向け住宅（サ高住）は71％増の４万８０００戸とより伸びをみせている。千葉県成田市の特養施設長は「並行して申し込んでいた特養以外の施設に流れる人もいる」と嘆く。

行政側の見込み違いもある。公共性の高い特養は要介護度の高い人や低所得者を優先的に

**空きを解消せずに増床計画が進む**
（首都圏の特養の状況）

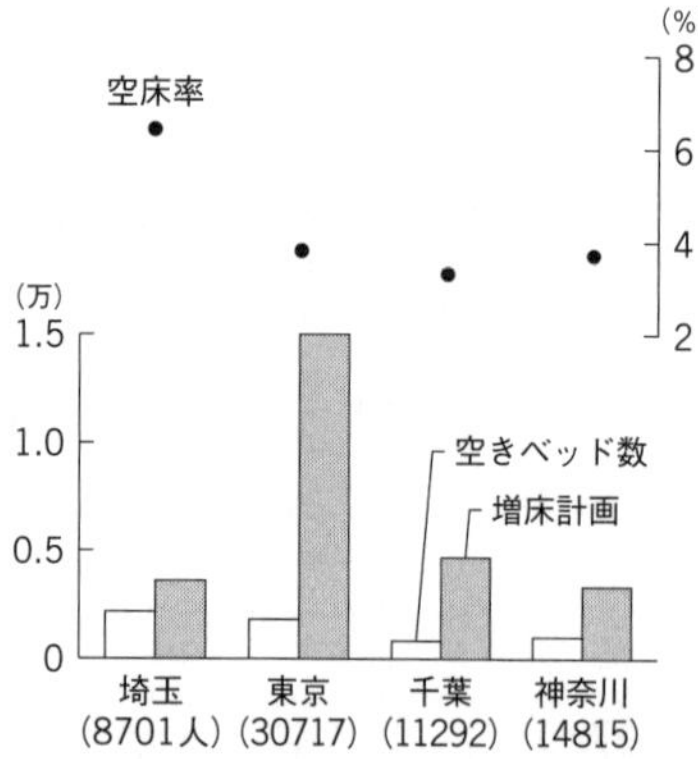


（注）2018年9〜11月の日本経済新聞の取材に基づく。神奈川の空きベッドは市町村からの回答の合計で、把握していないと答えた三浦市、海老名市、茅ヶ崎市、平塚市、小田原市、大井町を含まず。カッコ内は待機者数。増床計画は2020年度までで、東京のみ25年度まで

受け入れることで、民間の有料老人ホームとすみ分けしていた。部屋のタイプは一部屋に数人が同居する「多床室」が中心だった。だが、近年は国が個室と共有スペースを組み合わせた「ユニット型」と呼ぶ特養の整備を推奨し、民間並みの費用を取る施設が増えている。

西多摩の特養検索サイトを運営する前田卓弥氏は「高額のユニット型は敬遠されやすい」と指摘する。埼玉県ではユニット型の空床率が8％強と相部屋中心の施設の2倍近くになっている。千葉県でもユニット型の空床率は3・8％と、相部屋中心より1ポイント高い。

ユニット型は介護職員を手厚く配置する必要があり、人手不足の影響を受けやすい。人件費がかさみ、入所費の上昇を招いている側面もある。

厚生労働省は定員に占めるユニット型の割合を2015年の4割から2025年度に7割以上とする目標を掲げる。在宅に近い生活空間が利用者ニーズに合うと考えているからだが、実態はズレている。厚労省の意向に沿い、ユニット型に比重を置きすぎると需給のミスマッチが広がりかねない。

## 無駄なハコモノばかり増やさないために

「個別の施設の稼働状況は把握していないので、事業者に直接聞いてみてください」――。日本経済新聞による調査の過程では、一部の自治体がそもそも管内の特養の空き状況を把握していないことも明らかになった。待機者の存在を理由に特養の必要性を訴える自治体は多いが、実態把握が不十分なままでの整備促進には危うさもある。

様々な矛盾を抱えながらも、首都圏では今後も特養の拡張が予定されている。神奈川など3県は2020年度までの3年で1割増の1万1000床、東京都は2025年度までに3割増の1万5000床を新設する。

東京都の施設支援課は「昔は特養に空きが出たら待機者に電話1本したらすぐに埋まっていたのに、いまは何本か電話しないと埋まらないケースが出てきているのはたしかだ」と指摘しつつ、増床計画については「都内の高齢者人口の多さや今後の増え方を考えれば、特養にどんどん空きが生じるということにはならないはずだ」と妥当性を主張する。

もっとも、特養の運営者からは自治体の整備方針に疑問の声も上がる。東京都高齢者福祉施設協議会の田中雅英副会長は「行政は民間施設の将来の増加分を考慮していない」と指摘する。有料老人ホームやサ高住といった「競合物件」が増えれば、特養は自治体の想定ほど必要なくなる可能性もあるが、そうした視点が抜け落ちているという問題提起だ。

現状では、有料老人ホームは原則自治体への届け出、サ高住は登録で済み、民間事業者による新設の動きを行政側が制御するのは難しい。さらに、特養は厚労省、サ高住は国土交通省が主に管轄するなど、行政の縦割りが全体像の把握を困難にしている面もある。

特養の整備は建設費用だけでなく、その後の修繕費なども考慮すれば、長期的な財政負担が自治体にのしかかることになる。民間施設と立地を調整し、無駄を減らす必要がある。参考になるのが長野県の取り組みだ。２０１７年に高齢者施設の状況を調べ、各市町村に伝達。競合が激しい地域の特養建設を抑えるよう促した。

空床を埋める介護人材の確保も欠かせない。埼玉県は２０１８年春、県議会での指摘を受け、空きが目立つ圏域の整備計画を見直すとともに、職業訓練の強化など人材確保策を検討する委員会を立ち上げた。

公益財団法人・介護労働安定センターの２０１７年度調査によると、介護事業所の約半数が「いまの介護報酬では人材確保・定着に十分な賃金を払えない」と回答した。限られた財源を施設整備ばかりでなく、働き手に回す視点も求められる。

都市部で単身高齢者が急速に増えるなか、特養だけで介護需要を満たすのは難しい。対象者を低所得者に絞る「原点回帰」などを通じて、民間との役割分担を明確にする必要がある。特養を巡る需給のミスマッチの根っこにある課題に一つひとつ対処していかなければ、無駄なハコモノばかりを増やすことになりかねない。

# 3　高齢者住宅「サ高住」の異変

## 安い物件ほど増える要介護者

高齢者の住まいとしてここ数年、急速に存在感を高めているのがサービス付き高齢者向け

**サービス付き高齢者向け住宅の登録状況**

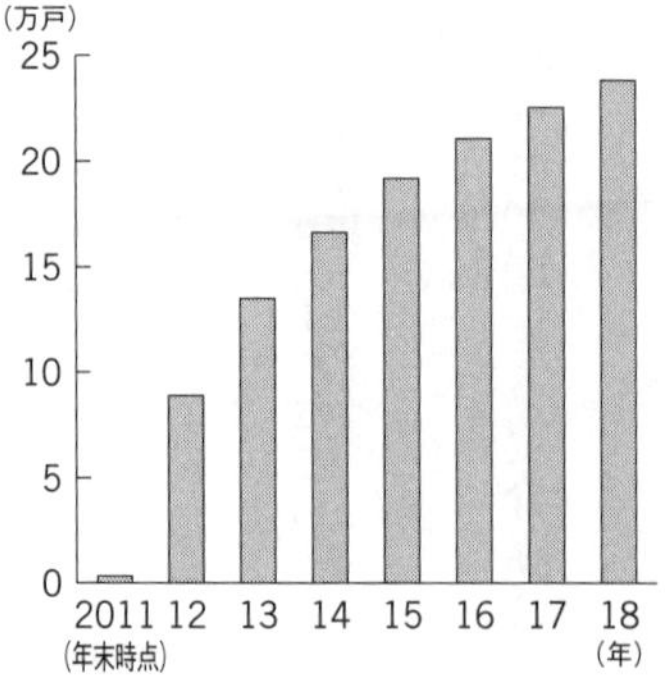


(出所) サ高住情報提供システム

住宅、通称「サ高住」だ。バリアフリー仕様で、入居者の見守りや生活相談サービスを備えた民営の賃貸住宅を指し、60歳以上か要支援・要介護の認定者が入居することができる。国の手厚い補助金などに後押しされて企業の参入が相次ぎ、２０１８年末時点で全国に約７２００棟、23万８０００戸が整備された。

　サ高住は、２０１１年の高齢者住まい法改正により、複数の形態があった高齢者向け住宅を束ねる形で誕生した。国が制度をつくった当初は、主に自立した高齢者向けの住宅という位置づけだったが、その利用実態に迫ると、「進む介護施設化」という現実が見えてきた。

　日本経済新聞は、高齢者住宅協会が運営するサ高住の情報提供システムを使い、物件の家賃水準と入居者の要介護度の相関を分析した。具体的にはサービス費を含む家賃と入居者の要介護度のデータが２０１８年12月時点で公開されていた１８６２棟を対象とし、同じ施設で家賃の最高値と最安値が異なる場合は中間値を用いた。食事や入浴の介助が必要で、特養の入所基準である「要介護3」以上の住民の割合を家賃の水準別に比較した。

結果は、家賃の平均が約10万6000円で、全戸数に占める要介護3以上の住民の比率は34％だった。つまり、サ高住の住民の3人に1人は要介護度の高い人ということになる。

さらに興味深いのは、家賃が8万円未満と比較的安い物件については要介護3以上の住民比率が48％まで高まり、ほぼ2人に1人に達していたことだ。家賃が高くなるほど、同比率は小さくなり、14万円以上の物件では20％にとどまっている。安いサ高住ほど要介護度の高い人が多く流入する傾向が浮かび上がった。

## 事業者が要介護度の高い人ばかり受け入れる理由

サ高住は法律上「住宅」なので、介護サービスの提供は義務ではない。訪問介護などを使いたい入居者は介護事業者と別途契約するという建て付けだ。

しかし、実際はサ高住のなかに介護拠点を併設し、家事支援などのサービスも介護のサービスも実質的に同じ事業者が手がけるケースは多い。明治大学の園田真理子教授は「家賃を安くして入居者を募り、自らの介護サービスを多く使わせる動きが起きやすい」と指摘する。そのほうが介護サービスの対価である介護報酬を稼げるからだ。

本来、要介護3以上の低所得者の受け皿は公的な色彩が濃い特別養護老人ホーム（特養）が担ってきた。特養は毎月一定額の利用料も相対的に安く、その範囲で食事や介護を提供する。必要以上にサービスを増やして、介護報酬を稼ぐ動きは起きにくい。ただ、職員不足で受け入れを抑える特養が目立ち、全国に30万人の待機者がいる。行き場を失った高齢者がサ高住になだれ込む構図になっているのだ。

２０１９年1月、茨城県ひたちなか市内のサ高住を訪ねると、併設するデイサービスの広間で10人ほどの入居者が塗り絵にいそしんでいた。ほとんどの人が車いすに乗っている。ここでは住民の4分の3が要介護3以上だ。

「介護報酬を安定的に得るため、要介護度の高い人を狙って受け入れている。軽い状態の人は断っている」。この物件を含めて関東で数十棟を運営する会社の代表は、入居者を選別している実情を語った。

## デイサービスに「行って寝ていればいい」？

介護サービスの提供で得られる介護報酬の財源は、1～3割が利用者負担で、残りは税金と介護保険料でまかなわれる。利用者の要介護度が進むと、支給上限額は増える仕組みだ。介護保険の受給者全体では平均で上限額の３～６割台しか使っていないが、同社の計画上は住民が85％を使う前提になっている。

もっとも、この代表は「暴利をむさぼっているわけではない。サ高住の経営を成り立たせるために必要な措置だ」と主張する。同社の場合、施設に夜勤を１人置いて入居者のおむつ交換や徘徊(はいかい)対応などにあたっている。「夜中のサービスは無料で、我々にとっては費用の持ち出しだ。この赤字を穴埋めするには、日中のデイサービスや朝晩の訪問介護である程度は介護保険を使ってもらわないといけない」

こうした事例は決して特殊な話ではない。兵庫県で家賃が安いサ高住の管理人も「上限額の90％を併設サービスで使ってもらっている」と話す。大阪府が２０１６年12月に公表した報告書でも、府内のサ高住では限度額の86％までサービスが利用され、要介護３以上の場合は特養以上に費用がかかっているとした。

日本経済新聞の調査によると、安いサ高住に要介護度の高い人が集まる傾向は都市圏でより顕著に表れる。８万円未満の物件に要介護３以上の人が住む比率は首都圏が64％、関西圏が57％で、全国平均の５割弱より高い。都市圏は土地代が高く、家賃を下げた分を介護報酬

大都市圏ほど要介護度の高い人が集まる
(入居価格帯別にみたサ高住の「要介護3以上」の住民比率)

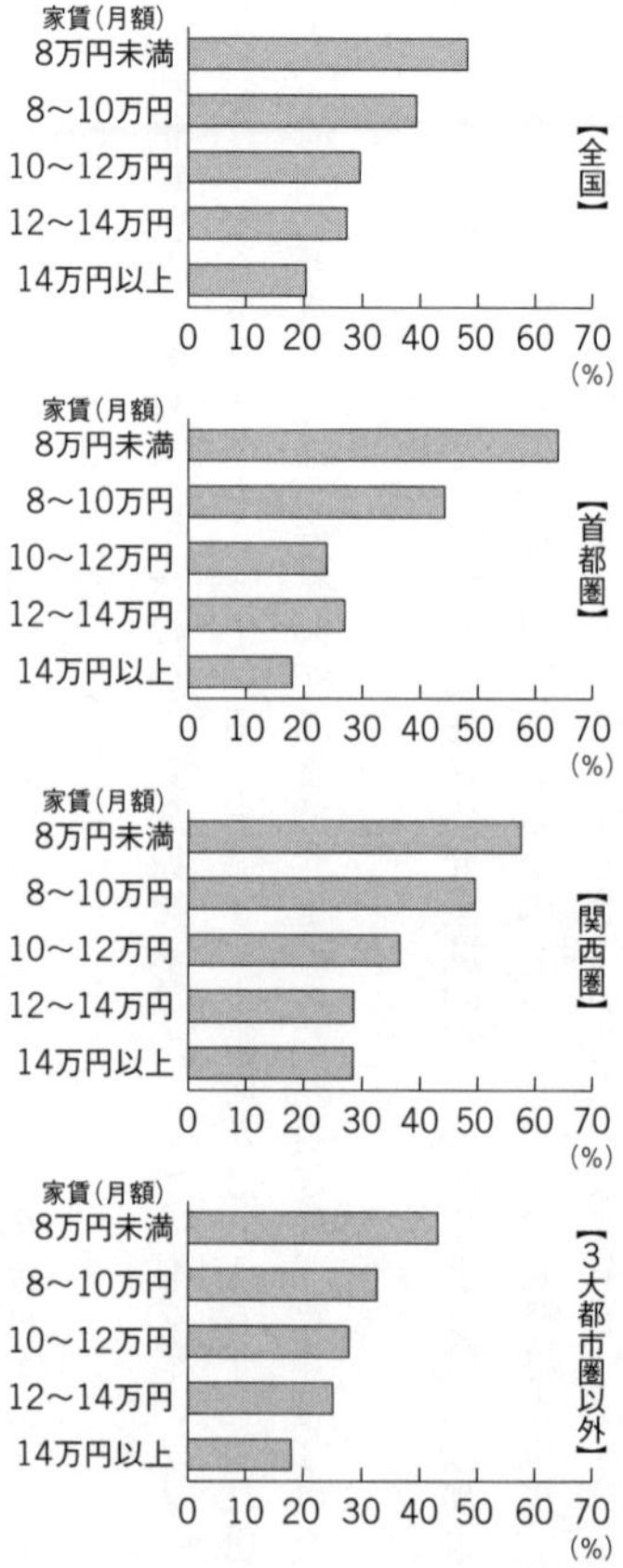


(注) サ高住情報提供システムで集めた物件情報をもとに算出
(出所) 日本経済新聞調べ

で補うモデルが広がっている懸念がある。「デイサービスを『行って寝ていればいい』と職員に説得されて仕方なく使った」。サ高住の業界団体にこんな苦情も集まっている。

## 揺らぐ制度の持続性

サ高住の制度創設に関わった日本社会事業大の井上由起子教授は「国も学者も当初はこれ

ほど介護施設化が進むとは考えていなかった」と話す。そのうえで、介護保険の利用ありきのビジネスモデルについて「介護報酬を運営の調整弁に使うと、介護保険制度の持続性そのものが揺らいでしまう」と警戒する。夜勤などの運営コストの負担はあくまで家賃の引き上げなどで吸収するのが筋との立場だ。「サ高住は本来、一定の支払い能力のある人向けのものだということをハッキリさせるべきだ」と訴える。

一方、東京通信大の高橋紘士教授は「低所得の要介護者が（割高な）特養の個室に入れず、やむなく安いサ高住に流れている面もある。高齢者への家賃補助を検討すべきだ」と話す。

もちろん、透明性を確保して、住民にきちんと説明を尽くしているサ高住も多くあり、すべてのサ高住が過剰に介護をしているわけではない。ただ、個別の運営実態を外部から把握するのは難しいのが実情だ。一般社団法人の高齢者住宅協会は「介護状況の開示や法令順守を事業者に強く促していく」という。

民間主導のサ高住は行政も運営状況や整備計画を把握していない。それがサ高住の乱立につながり、介護報酬で経営を成り立たせようとする動きを招いた面もある。「サ高住が野放しにされてしまっている」（厚労省の元事務次官）という現状を改め、介護施設との役割分担の明確化や立地の最適配分を考えなければ、悪循環は断ち切れない。

# 4 介護「外国人頼み」の死角

## 人材争奪戦、日本は後発組

「もらえる給料がはるかに高いドイツに行きます」

地元の介護施設に海外人材を紹介する公益社団法人、横浜市福祉事業経営者会の嘉代哲也事務局長はベトナムの女子大生の一言に面食らった。

この学生はもともと同国の大学講師から紹介を受け、留学生として来日後に市内の介護施設で働いてもらう予定だった。嘉代氏も2017年夏、スカイプを通じた面接で好印象を抱き、ベトナムで直接会って本採用を決めようとしていたが、そこにいたる前に取り逃がしてしまった。横浜市福祉事業経営者会では過去に20人程度の留学生を介護施設につないできたが、嘉代氏は「ベトナム人は親日が多いと聞くし、断られるケースは想定していなかった」

と肩を落とす。

高齢化の進展によって介護需要は膨らむ一方なのに、人手はまったく足りていない。そんな現状を打破するために政府が目を付けたのが外国人材の活用だ。介護分野では２０１９〜23年度の５年間に30万人程度の人手不足が生じると試算する。この期間で最大６万人の外国人材を受け入れ、単純計算で不足分の２割程度の穴埋めを狙っている。

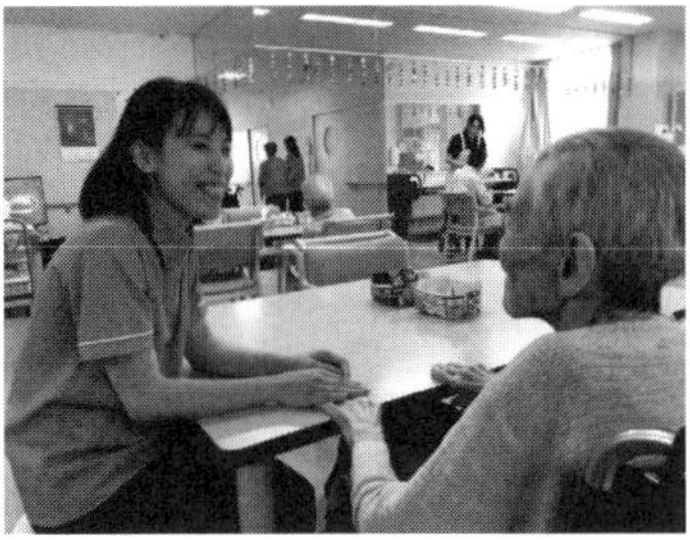

外国人を介護に呼び込むにはハードルも多い（奈良県内）

日本はこれまでも経済連携協定（ＥＰＡ）や技能実習制度といった枠組みを通じて海外から介護人材を受け入れてきた。ただ、こうした制度は国際協力などが主な目的で「人手不足対策ではない」との建前論が壁になり、受け入れ人数は限られていた。

そこで政府は２０１９年４月の改正出入国管理法の施行と就労期間の延長に道を開く在留資格「特定技能」の創設によって従来方針を転換し、外国人材の受け入れ拡大に本気で取り組もうとしていた。

ところが、横浜市の事例が示すように外国人材の獲得は受

ヘルスケア人材の賃金で日本は見劣り

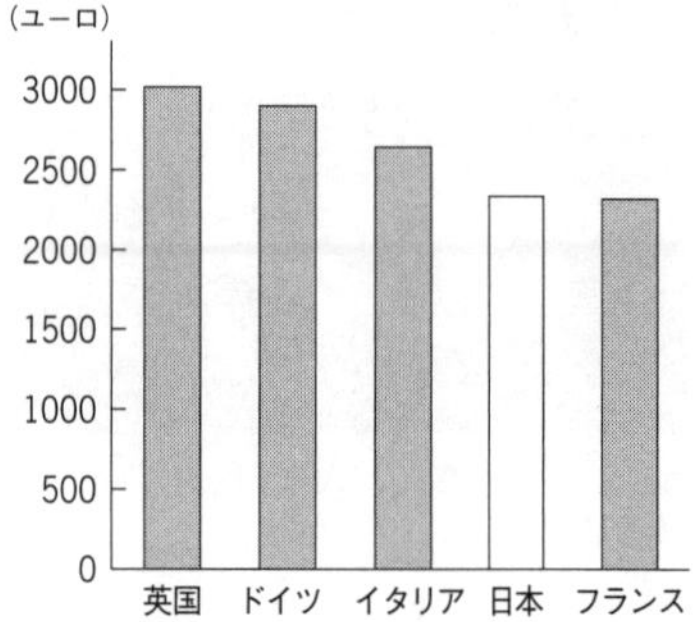


（注）介護のほか医療分野も含むヘルスケア全体の平均月収。2014年時点
（出所）大和総研

け入れ側の思惑だけで進むほど甘い話ではない。海外から介護人材を呼び込もうとしているのは日本だけではないからだ。国立社会保障・人口問題研究所の小島克久氏は「ヘルスケア人材は医者のような専門家から介護分野の労働者まで、世界的な奪い合いの様相を呈している」と話す。すでに欧米先進国では在宅介護の担い手の外国人比率が軒並み2桁を超えるといい、「日本は後発組でライバルは多い」と指摘する。

「せっかく日本に送り出そうと育てた人材が欧米に行ってしまうケースも多い」。フィリピンの介護人材育成機関の日本人幹部も危機感を強めている一人だ。この幹部によると、カナダのフィリピン人介護士の給与は月1600ドル（約17万8000円）と日本と同程度だが、住居の提供など待遇が良く、数年後に永住権取得のチャンスも得られる。

大和総研の分析によると、介護や医療関連のヘルスケア人材の平均賃金で、日本は英国やドイツ、イタリアに劣るという。日本側が取り込みを期待するアジアの人々からみると、地理的な近さや治安の良さは評価できるものの、就労条件がほかの国より魅力的とは言い難いのだ。

## 製造業や建設業もライバル

外国人材を増やすには異業種との競争にも勝ち抜かなければならないが、ここでも介護業界の優位性は乏しい。厚生労働省によると、介護職員の賃金は全産業の平均を2割程度も下回り、日本での出稼ぎ目的の外国人は、製造業や建設業など相対的に賃金の高い産業に流れやすい。

「介護での就労を考えていたが日本語の勉強に時間がかかると分かり、やめてしまう人もいる」。日本に2000人以上を送った実績のあるベトナムの送り出し機関で働くファム・クオック・フイー氏はこう話す。

技能実習生の場合、80職種あるなかで介護のみ、入国時に「基本的な日本語を理解できる」(N4)、2年目に「日常的な場面で使われる日本語をある程度理解できる」(N3)レベルの日本語要件を満たす必要がある。仕事で高齢者や同僚とのコミュニケーション能力が

**介護の外国人材受け入れは4つのルートに**

| | 運用開始 | 実績 | 概要 |
|---|---|---|---|
| 経済連携協定（EPA） | 2008年度 | 4302人（19年1月） | •インドネシア、フィリピン、ベトナムが対象<br>•地元政府の介護士認定や看護課程修了が条件<br>•介護施設で4～5年就労 |
| 在留資格「介護」（留学生） | 2017年9月 | 185人（18年12月） | •介護福祉士の養成施設で勉強（2年以上）<br>•介護施設でアルバイト（週28時間上限） |
| 技能実習 | 2017年11月 | 946人（18年12月、認定者数） | •介護で働いた経験や看護課程修了が条件<br>•入国時に一定の日本語能力必要<br>•介護施設で最大5年就労 |
| 特定技能1号 | 2019年4月 | — | •入国時に一定の技能・日本語能力必要<br>•介護施設で最大5年就労<br>•技能実習で3年以上の経験あれば移行可能 |

**就労期間終了で帰国または介護福祉士の資格取得で永住も**

（出所）厚生労働省など

求められるためだ。

だが、フイー氏によると、N4レベルに達するまで半年以上はかかり、学習にかかる費用や時間は外国人には重い負担になる。「勉強してN4が取れる保証もなく、『時間がもったいない』と感じるベトナム人は多かった」（フイー氏）

2017年11月に始まった介護の技能実習は2018年末時点の認定者数が1000人に満たず、人手不足の解消にはほど遠い。受け入れを促すため、厚労省は2019年春、2年目の時点でN3レベルに未達でもすぐ帰国しなくて済むように要件を緩めた。ただ介護事業者には「日本語能力のハードルを下げるとサービスの質も下がりかねない」という懸念もあり、要件緩和はもろ刃の剣といえる。

また、日本での就労を考える外国人が事前にSNS（交流サイト）で情報収集するようになったことも業種の選別に拍車をかけている面がある。「外国人の間でも介護業界は3K（きつい・汚い・危険）的な職場という印象を持たれていて、好んで働こうという人は少ない」。外国人の人材派遣を手がける七福インターナショナル神戸（神戸市）の妹尾彰浩代表はそう指摘する。

## 自治体間でも外国人材の争奪戦

外国人材が日本にやってきたとしても、どの地域で働くかという問題もある。

都道府県別の介護の有効求人倍率（2018年8月時点）をみると、7倍近い東京都や6・5倍の愛知県が突出して高いが、富山県や岐阜県、奈良県といった地方でも5倍を超えている。人手不足は全国で共通した課題であるだけに、自治体間で外国人の獲得競争は熱を帯びている。

**人手不足は地方にも及ぶ**
**（介護人材の有効求人倍率が全国平均を上回る自治体。2018年8月）**

| 都道府県 | 求人倍率 |
|---|---|
| 東京 | 6.97倍 |
| 愛知 | 6.49 |
| 富山 | 5.19 |
| 奈良 | 5.19 |
| 岐阜 | 5.01 |
| 大阪 | 5.01 |
| 埼玉 | 4.62 |
| 千葉 | 4.58 |
| 茨城 | 4.50 |
| 群馬 | 4.48 |
| 神奈川 | 4.35 |
| 静岡 | 4.21 |
| 三重 | 4.08 |
| 広島 | 4.03 |
| 石川 | 3.99 |
| 全国平均 | 3.97 |

（出所）厚生労働省

２０１９年３月半ば、ベトナムで政府関係者らと精力的に会談を重ねる千葉県の森田健作知事の姿があった。介護人材を千葉に優先的に回してもらえるよう働きかけるトップセールスだ。異例の対応は人手不足に対する危機感の表れともいえるが、周辺自治体からは「都市間競争が変に過熱していかないか心配だ」と警戒する声も上がった。

特別養護老人ホームの増設に伴い人手確保が急務の横浜市は２０１８年夏、ベトナムの５

つの学校と介護人材受け入れで覚書を結び、家賃補助などの公的支援を用意した。兵庫県は自治体主導で技能実習生の監理団体を準備する。

こうした動きは介護サービスの安定供給を担う自治体の立場からすると合理的だが、優遇策を講じようにも財源が乏しい地方都市の苦境は深まり、自治体間の格差が広がる可能性もある。

## 「安い労働力」という発想では外国人は来ない

外国人に門戸を開きさえすれば介護の人手不足が解消するという考えは幻想にすぎない。それは、出入国在留管理庁が２０２０年２月に発表した２０１９年末時点の特定技能の在留外国人数をみればはっきりする。制度開始から９カ月間で、全職種では１６２１人、うち介護分野ではわずか19人の受け入れにとどまった。

介護は５年間で計６万人の不足分を外国人で穴埋めするという政府の見込みに基づくと、年１万２０００人ほどの受け入れが必要になる。初年度の出足の遅れという事情を考慮しても、目標達成はほとんど不可能といえる状況だ。

人材を送り出す側のアジア各国からは「日本側の数字ありきの制度の立ち上げ方が拙速

だった」と批判する声も出ている。アジアの介護人材事情に詳しい淑徳大学の藤野達也教授は「従来の『安い労働力』という発想で外国人を呼ぼうとしても誰も来ない」と断言する。

展望が開けない外国人材の活用だが、介護業界の人手不足と現場の疲弊はこの先も容赦なく進行する。行政と介護事業者が知恵を絞り、働き手の国籍にかかわらず魅力的な就労環境を整える努力を重ねるしかない。

## 5 要介護度、ばらつく認定

### 引っ越したら認定が2段階上昇

「要介護認定は、介護保険制度の『成否』を握る課題であった」。2000年に始まった介護保険制度の創設に関わった官僚らは著書でこう強調し、要介護認定システムの「透明性」と「客観性」を誇った。だが、制度創設から20年がたち、その理念は形骸化しつつある。

「住む場所が変わるだけで、これだけ結果が違うのか」。2019年に長野市から埼玉県新

**要介護度の目安と認定者数**

| 区分 | 要介護度の目安 | 認定者数 |
|---|---|---|
| 要介護5 | 寝たきりの状態。全面的な介助が必要 | 60 |
| 要介護4 | 生活全般に介助が必要。徘徊（はいかい）も | 80 |
| 要介護3 | 自力で歩行が困難。排せつが1人でできない | 87 |
| 要介護2 | 身の回りのこと全般に見守りや手助けが必要 | 114 |
| 要介護1 | 歩行や立ち上がりが不安定で支えが必要 | 132 |
| 要支援2 | 片足で立つなど複雑な動作に支えが必要 | 93 |
| 要支援1 | 立ち上がりなど一部の生活機能がやや低下 | 93 |

（注）認定者数は2018年度末時点。単位は万人
（出所）厚生労働省「介護保険事業状況報告」

座市に移住した80代女性は、「要介護度」が引っ越し前の要支援1から要介護1に2段階上がった。要支援1は「立ち上がりなど一部の生活機能がやや低下」というのが判断の目安だ。これに対し、要介護1は「歩行や立ち上がりが不安定で支えが必要」という身体の状態だ。この80代女性の状態は引っ越しの前後で大きく変わったわけではない。親族は「要介護度の判定基準は自治体によってばらばらなんだなと思った。『グループホームにたくさん通いたいので、重めにしてください』と自治体側に要望したのが効いたのでしょうか」と振り返る。

要介護度は、日常生活への介助が必要な度合いに応じ、軽い順から要支援1〜2、要介護1〜5の計7段階に分かれている。最も重い状態

の要介護5は寝たきりで、全面的な介助が必要な状態に当てはまる。介護サービスを受けたい高齢者は自治体に申請し、要介護度の認定を受ける必要がある。認定者数は2018年度末時点で658万人。この10年間で4割ほど増えた。

要介護度のランクが上がれば、受けられるサービスの量や種類は変わる。介護施設によっては要介護度を入居条件にしている。たとえば「自力で歩行が困難。排せつが一人でできない」と判断される要介護3以上の認定を受けなければ、民間の老人ホームより安価な特別養護老人ホーム（特養）に入居することは原則できない。要介護認定そのものが利用者のその後の生活に大きな影響をもたらすのだ。

保険財政に与える影響も大きい。要介護5の場合、介護保険からの支給限度額は月約36万円で、要介護1の場合は約17万円となる。むやみに要介護度を重い方に引き上げると介護需要が膨らみ、保険財政の負担が増す。逆に不必要に引き下げれば、身体状態に見合った適切なサービスを利用できない懸念が出る。

## 全国一律の判定、市区町村の99%が変更

なぜ、利用者の暮らしを左右する要介護認定が住む場所によって変わることがあるのだろ

うか。その要因は認定プロセスにある。

　認定プロセスは１次審査と２次審査の２段階だ。まず自治体の職員が申請者の自宅を訪問し、食事や排便など生活上の自律性や認知機能を問う全国共通の調査票を作成する。その調査票に基づき、コンピューターが暫定的に判定する。これが１次審査だ。その後、医師や介護福祉士などで構成する介護認定審査会が２次審査を実施し、最終的な要介護度が決まる仕組みだ。２次審査を設けているのは、実態とは異なる調査票を発見して修正する意味合いがあるほか、申請者の個別の事情を考慮するケースがあるからだ。

　ただ、２次審査をする介護認定審査会は自治体ごとに開催され、議論する内容や材料も異なるため、認定に地域格差が生じてくる。自治体の裁量が入り込む余地がここにある。冒頭のエピソードは特殊な事例ではないのだ。

　日本経済新聞はどれほど自治体に違いがあるのかを探ろうと、厚生労働省に情報公開請求し、２次審査で１次審査の結果を変えた比率の自治体別データを入手した。対象は、最新の２０１８年10～11月で１００件以上を審査した９０４市区町村だ。

　入手したデータをみると、全体の99％に相当する８９２市区町村が要介護度を変えていた。審査件数に占める変更率も自治体間でゼロから41％までと、相当なばらつきがあること

## 認定件数を変えた比率の分布グラフと自治体の表

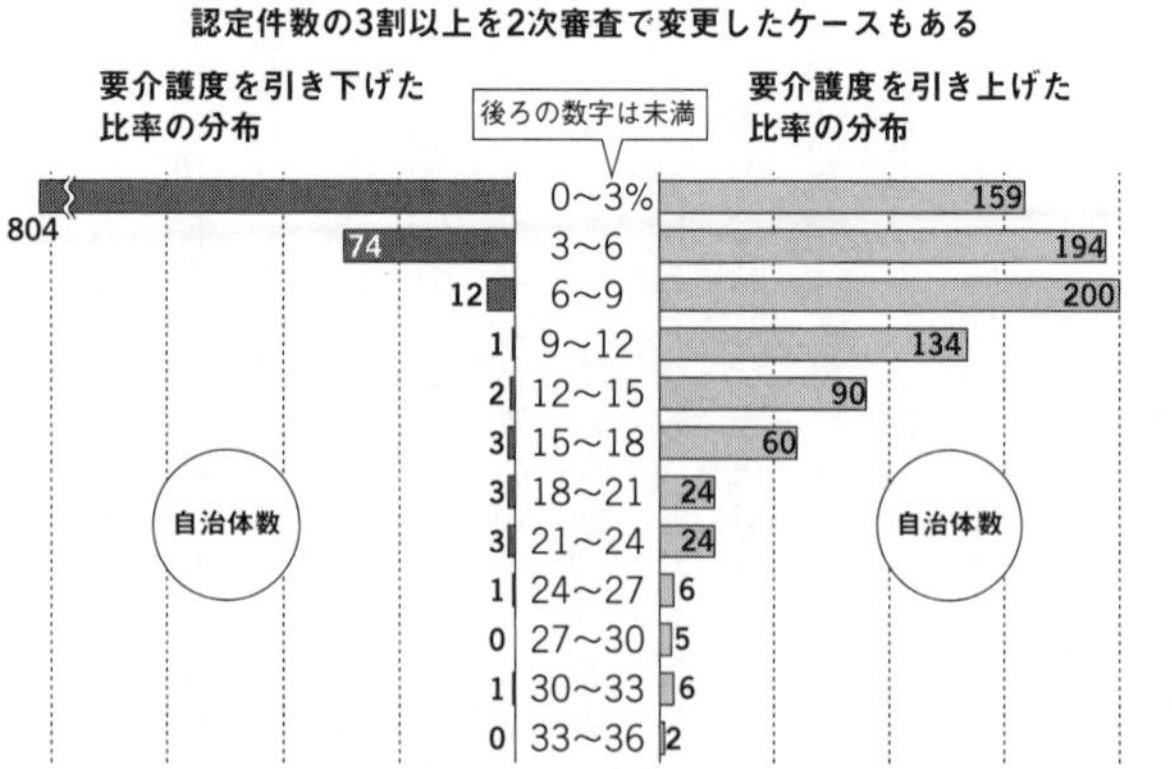


（注）2018年10月〜11月。要介護度の審査が100件以上あった自治体が対象。システム上の都合で厚労省がデータを把握していない自治体は日本経済新聞調べ

| 引き下げた割合が高い10自治体 | | 引き上げた割合が高い10自治体 |
|---|---|---|
| 福岡県みやこ町 | 1 | 東京都国立市 |
| 佐賀県神埼市 | 2 | 埼玉県三郷市 |
| 佐賀市 | 3 | 三重県四日市市 |
| 福岡県苅田町 | 4 | 東京都八王子市 |
| 宮崎市 | 5 | 茨城県常陸太田市 |
| 埼玉県和光市 | 6 | 神奈川県小田原市 |
| 兵庫県西宮市 | 7 | 東京都豊島区 |
| 佐賀県小城市 | 8 | 岩手県釜石市 |
| 福岡県行橋市 | 9 | 東京都西東京市 |
| 石川県能登町 | 10 | 千葉県銚子市 |

もわかった。全国平均は９・７％。変更率が５％未満の自治体は３割、10％以上は４割だった。一方、全体の８・５％にあたる77市区町では変更率が20％を超していた。１件も変更していない自治体は12市町だった。

## 末期がんは一律に要介護５にする事例も

多くの自治体で要介護度を上げる事例と下げる事例が混在している。ただ、相対的に上げている自治体が多く、その変更率も高い傾向がある。全体としては財政負担が増す方向に働いている。

審査会に関する国の指針は、「介護の手間」を要介護度の基準とし、病気の重さや同居人の有無を理由にした変更はできない規定となっている。しかし、変更率の高い自治体に取材したところ、指針に合わない運用例がいくつも見つかった。

変更率が35％と全国で３番目に高かった東京都国立市。変更分の大半が重い方に要介護度を引き上げていた。末期がんの申請者は一律で要介護５にするという独自の運用をしていることが要因とみられる。要介護５は、本来は寝たきりで全面的な介護が要る人が対象だ。同市高齢者支援課は「末期がんの人は、短期間で容体が変わりやすい。容体が急変しても対応できるよう一律で要介護5にしている」と理由を説明する。

1次審査より2次審査で要介護度を引き上げる割合が30%を超す自治体は、埼玉県三郷市や三重県四日市市、東京都八王子市など8つあった。千葉県銚子市も末期がんの場合は「要介護2以上にする」との慣習になっており、引き上げた割合が10番目に高かった。

## 同居人いれば「下げる」

下げている割合が高い自治体はどうだろうか。全体の変更率が41%と最も高かった福岡県みやこ町は、33%弱を1次審査より引き下げていた。下げた割合だけみても全国で最も高い。同町の認定業務は周辺の2市町と共同で実施しており、いずれの自治体も軽度変更率が高い傾向にある。認定業務を担う福岡県行橋市介護保険課の担当者は「調査票の特記事項に書かれている事情を審査会で議論した結果」と述べ、意図的な誘導を否定する。ただ、審査会での議論は委員に委ねており、「自治体として変更理由をとりまとめているわけではない」とも語る。

埼玉県和光市は21%を軽い方に下げていた。和光市の認定審査会委員は「家族による介護が見込める場合は要介護度を下げる」と明かす。2016年3月の市議会では、当時の保健福祉部長が「国の様式以外の情報を含めて認定している」と答弁していた。宮崎市や兵庫県西宮市なども「同居人の有無が変更理由になっている可能性がある」と答えた。

## 独自の裁量、住民に見えず

「保険者の自治体が独自ルールを設けてもおかしくはない」との意見は少なくない。要介護認定は市区町村の自治事務であり、有識者や自治体の意向が反映されるのはやむを得ないとの考え方だ。

問題なのは、認定基準や審査過程がブラックボックスになっている点だ。NPO法人「となりのかいご」（神奈川県伊勢原市）の川内潤代表理事は「独自基準があるなら住民に丁寧に説明すべきだ」と訴える。

運用が地域で異なる実態は国の政策にも影響する。国は2018年度、要介護度の維持・改善で成果をあげた自治体に交付金を手厚く配る制度をつくった。ニッセイ基礎研究所の三原岳主任研究員は「自治体の方針次第で変わりうる不確かなものを指標にするのは誤りだ」と指摘。「交付金目当てで要介護度を強引に下げる地域が出てくる可能性がある」と危惧する。

「適切な認定システムが導入できない限り、介護保険制度の構想そのものが頓挫しかねない」。制度創設に携わった官僚らは著書で、こんな警鐘も鳴らしていた。介護保険が国民の生活に欠かせないサービスとして定着したいまこそ、改めて認定システムの透明性と客観性を検証する必要がある。

# 第5章

# クライシスを避けるには

# 1 エビデンスなき政策をやめよ

## 「予算重視・決算軽視」の構造

2018年の日本人の平均寿命は女性が87・32歳、男性が81・25歳で、ともに過去最高を更新した。世界の国・地域と比べると、日本は女性が香港（87・56歳）に次いで第2位、男性は香港（82・17歳）、スイス（81・4歳）に次いで第3位である。

「世界有数の高齢社会だから、社会保障費が増えるのは仕方がない」と考えている人は多いのではないか。ところが、私たちが公開データや独自に入手したデータを使って詳しく分析すると、医療や介護の現場では驚くほど多くの無駄が潜んでいることが次々と明らかになった。それだけコストを削減する可能性があるわけだが、国や自治体は気づいていないのか、知っていても知らないフリをしているのか、無駄が生まれている現実を直視していない。

無駄が放置されている背景には、国や自治体が政策の効果を検証しないまま、新たな政策を打ち出してきたことがある。

医療・介護分野では、２０２５年に団塊の世代が75歳以上の後期高齢者となる「２０２５年問題」が立ちはだかる。国は需要が少なくなる手術など「急性期」病床を減らし、在宅生活に戻るためのリハビリを施す「回復期」病床や、長期の治療が必要な患者に対応する「慢性期」病床を増やす方針だ。こうした医療体制と、住み慣れた地域で在宅中心の介護を受けられるようにする仕組みを合わせて「地域包括ケアシステム」の充実を目指してきた。

しかし、本書で検証したように、病床の転換は進まず、在宅生活を支える受け皿も不十分だ。国や自治体はこうした現状を検証しておらず、機能していないものを温存しながら新たな制度やメニューをつぎ足していこうとする傾向が強い。これでは無駄が増えるばかりで、効果的な政策は成り立たない。

国会では来年度予算を議論する予算委員会はテレビ中継される機会が多く、その委員は国会議員にとって花形ポストだが、予算がどう使われたかを検証する「決算委員会」への関心は低い。決算は年度が終わって数カ月後にとりまとめられ、通常国会が開会する翌年１月以降に決算案として提出される。このため年度が終わるとともに４月から執行しなければならない来年度予算案の議論に、決算案の議論を反映できない。自治体も同じ状況であり、「予算重視・決算軽視」という構造的な問題が、政策効果を検証して新たな政策に活かせない要因となっている。

企業では「何をするか」という予算より、「何ができたか」を示す決算が重視され、企業価値の一つである株価に大きく影響する。大企業などは3カ月ごとに四半期決算を公表し、その後の方針や業績見通しを修正する。国や自治体の「予算重視・決算軽視」とは対照的だ。

## PDCAサイクルは欠かせない

国や自治体の政策に必要なことは、企画立案（Plan）→実施（Do）→評価（Check）→改善（Action）を繰り返す「PDCAサイクル」を回すことだ。企画立案して予算を計上して実施した後、「実施した効果はあったのか」という評価や、「評価した内容を次の企画立案にどう反映するのか」という改善が欠かせない。

ところが、社会保障分野では政策は「やりっぱなし」で、政策実行の過程で生まれた無駄や地域格差は評価・改善されないまま、新たな政策の企画立案が始まる。

ボトルネックになっている「評価」を機能させるには、企画立案の段階で評価する際に指標となるデータをあらかじめ組み込むことだ。

がん検診を例にとって考えてみよう。指標となるデータとは、単に「がん検診の受診者数を増やす」などの「結果（アウトプット）」だけではない。「がん検診の受診者を増やす」という結果によって、「がんにおける早期発見率を上昇させる」という「成果（アウトカム）」が分かる指標を組み込むことが必要となる。受診者が増えても早期発見率が上がらなければ、政策の意味はない。

がん検診の場合は、科学的根拠が乏しいのに、むやみに検査する部位を増やしたり、検査手法を増やしたりしては無駄だ。がんによる死亡率を下げるためには、予防対策の結果としてがんになる人の割合（罹患率）を下げることや、がんと診断された人への治療成績を上げることが欠かせなくなる。無駄な治療で副作用が生じるリスクも考慮しなければならない。

医療・介護分野は財源と人材が限られており、部分的に最適の状態を求めても、全体的な最適にならないことがある。それぞれの地域の実情をデータで分析し、「予防」「早期発見」「治療」のうち、どの分野を優先的に取り組むべきなのかを検討する。さらに効果が低い分野に多額の財源・人材を投入して、効果が高い分野への対応が不十分になることがないよう、「費用対効果」を緻密に評価しなければならない。

## データ公開と「ロジックモデル」がカギ

科学的根拠（エビデンス）に基づく政策立案は「エビデンス・ベースド・ポリシー・メーキング」（Evidence-Based Policy Making＝ＥＢＰＭ）といわれている。米国では１９６０年代、英国では１９８０年代から取り組みが進んでいる。全体最適を分かりやすく把握するため、政策の企画立案段階で、「何を目指すのか」という最終アウトカム→中間アウトカム→初期アウトカムをツリー状につなげる「ロジックモデル」が導入され、指標となるデータに基づいて評価され、改善が進められている。

日本では２００１年の中央省庁再編に伴い、行政改革の柱として「政策評価法」が制定され、行政機関は研究開発や公共工事などの分野で政策評価が義務づけられた。補助金事業なども原則すべてに「行政事業レビュー」を実施している。ところが現実には「エビデンスに基づく政策立案」ではなく、政策の意義を裏付けるデータを集める「政策に合うようなエビデンスづくり」に陥る逆転現象が起きている。

社会活動におけるエビデンスは複数の要因が絡み合い、医療における臨床試験のように条件を整えたうえで比較して証明することは難しい側面はある。とはいえ、行政機関がエビデンスになり得るデータを集めて公開すれば、様々な人が分析できるようになり、全体最適を求めるための政策を議論する礎になる。

しかし、国や自治体のデータ公開は不十分だ。たとえば、厚労省は全国の診療報酬明細書（レセプト）を集計して、２０１４年度から「ＮＤＢオープンデータ」を公開するようになったものの、性別、年齢別、都道府県別の集計にとどまるなど詳細な検証ができない。レセプトに書かれている病名と投薬の関係などから「無駄に投薬していないか」などの検証も学術目的に限定されている。まだ医療系と介護系のデータベースが統一が遅れ、地域包括ケアシステムの実態を検証することも難しい。

政府は２０１８年度からＥＢＰＭを推進するため、ほとんどの府省に「政策立案総括審議官」を配置し、日本版ＥＢＰＭのあり方を模索している。「エビデンスなき政策」から脱却するため、指標となるデータの公開を充実させ、ロジックモデルに基づいた政策立案の仕組みづくりを急ぐべきだ。

## 2 痛み恐れず、病床再編を

### 「424ショック」

2019年10月4日夕刻、ふだんは観光展示などでのどかな都道府県会館（東京都平河町）の1階会議室は緊迫感に包まれた。「地域医療確保に関する国と地方の協議の場」。出席した総務省、厚生労働省、地方自治体代表をはるかに超える数の報道陣が集まっていた。「リストを撤回してほしい」「地域の住民が不安になっている」。全国知事会、全国市長会、全国町長会の代表は、向かい側に並ぶ厚労省幹部に次々と批判の声を上げた。

発端は9月26日、厚労省が全国の診療実績が乏しい424の公立・公的病院の実名を公表したことだ。いずれも近隣に同じ機能を果たす病院がある。厚労省は機能が重複する病院やベッド（病床）の再編・統合を検討するよう促した。名指しされた病院の地元から抗議の声が噴出。「424ショック」と呼ばれるようになった。

ただ、10月4日の会議で病院の再編・統合そのものを否定する声は地方側から出なかった。名指しには怒っても、病院再編の必要性は空きベッドに悩む自治体自身がよく知っているのだ。知事会代表の平井伸治・鳥取県知事は「民間病院も含む全リストを明らかにしてほしい」と述べ、民間も含めて検討すべきとの考えを示した。

日本の病床は多すぎる。経済協力開発機構（ＯＥＣＤ）によると、人口１０００人あたりの急性期病床数は２０１７年時点で日本が13・05と韓国（12・27）をおさえてトップ。ドイツ（８・00）、フランス（５・98）、米国（２・77）、英国（２・54）と比べ圧倒的に多い。病院側の判断で決まる入院日数も世界で最も長い。空き病床を埋めたい病院が患者を長めに入院させているのだ。

人口あたりベッド数が多いほど入院が長くなる――。この相関関係は１９６０年代に米カリフォルニア大学ロサンゼルス校（ＵＣＬＡ）のミルトン・ローマー教授が見つけ、「ローマーの法則」と呼ばれる。これによって病院は供給力（病床数）に応じて需要（入院患者）を創出するからベッド数の制御が重要だという考え方が広がり、米欧は１９８０年代から病床数の抑制にカジをきった。費用がかさむ高度医療を導入しても医療財政を破綻させないためだ。

## 患者も病院もコスト意識の徹底を

日本でどうすれば過剰病床を是正できるか。過去の失敗をたどり、解決策を探ってみよう。

日本は敗戦後の焼け野原から病院整備にひた走ったが、1960年代まで入院日数は極端に長くはなかった。変化したのは1970年代以降だ。老人医療費の無料化が広がり、介護を受けられない高齢者の「社会的入院」が急増した。介護サービスが足りなかったため、本人や家族にとっては、入院した方が費用も世話の負担も軽かったのだ。

増収の好機を逃すまいと病院もベッドを増やした。入院が長いほど病院の収入も増える「出来高払い」の診療報酬制度が長く続いたことも背中を押した。

明らかに患者も病院もコスト意識を欠いていた。個人や病院にとって合理的な選択が、必ずしも医療制度の効率化につながらない。むしろ医療全体の無駄を温存してしまった。

これを改めるには、個人や病院がコスト意識を徹底すれば、自らのメリットと医療全体の効率性が両立するような仕組みが必要になる。

まず供給者である病院の行動を変えなければならない。1980年代から欧米主要国は、同じ疾患なら入院日数に関係なく定額の診療報酬（ＤＲＧ）に切り替えた。これで病院は入院期間の短縮に努め、余ったベッドを整理した。日本も２０００年代に入院の診療報酬に定額制を一部導入したが、中途半端な形にせず、徹底するべきだろう。

病院の診療実績データを地域住民に公開することも役に立つ。救急の看板を掲げながら受け入れが少ない「見かけ倒し」の病院は一定数ある。実態をあぶりだせば、地域にとっての個々の病院の必要度が見える。自治体病院なら、その病院に自治体から公費をいくら投じているかも住民に分かりやすく開示すべきだ。

## 過去のミスの検証必要

国や自治体は病院の実態把握が遅れ、対応が後手に回る失敗を何度も犯した。

１９８０年代には病床過剰問題が表面化し、政府は１９８５年の医療法改正で地域のベッド数に上限を設けた。だが、施行前の上限超過を認めたため、施行までの数年間に記録的な駆け込み増床が起きた。その数は全国で20万床に達したという。駆け込みはベッドが多かった四国や九州で活発だったため、東日本より西日本で医療費が高い「西高東低」が定着した。厚労省の見通しが甘く、法改正と同時施行にして駆け込みを防ぐ発想が出てこなかった。

2006年度の診療報酬改定で看護師配置の手厚い7対1ベッドを導入したときも同様だ。重症者対応が狙いだったが、病院はこぞって看護師を増員し、報酬が高い7対1ベッドに切り替えた。重症者が増えてもいないのに10年近くこうしたベッドは膨張を続けた。厚労省は2年おきに診療報酬改定で軌道修正を試みたが、手遅れだった。

本来、政策を変更するときは医療機関の行動変化をシミュレーションするはずで、それを内向きの試算にとどめず、対外的に示すべきだ。過去のミスをうやむやにしてはならない。当事者や第三者が真摯に失敗を検証しなければ、想定外の事態になったときの機動力は身につかないのである。

## 縦割り打破でリーダーシップを

縦割りの弊害も排除しなければならない。

都心にある自治体病院を取材したときのことだ。その病院から徒歩10分ほどの場所に大規模な公的病院があり、両方に救急センターがある。「救急はどちらかひとつでいいのではないか」と自治体に聞いてみた。救急医を集約した方がローテーションを組みやすく、過労防止や受け入れ態勢強化につながると考えたからだ。しかし「言うは易く行うは難し」との即答が返ってきた。

設置者の異なる2病院間の主導権争いだけではない。それぞれの病院に医師を派遣する提携先の大学医学部（医局）も違った。救急を統合するとなると、どちらが科長を出すのか。「調整がこじれてほかの診療科にも影響が及び、医師派遣を止められる恐れがある」と自治体側は力説した。

こうした問題は当事者間では決着しにくい。参考になるのは病院再編で先行した奈良県だ。きっかけは２００６年、意識不明となった妊婦が複数の病院に受け入れを断られて亡くなった医療事故だった。翌年には救急搬送中の妊婦が死産する事案も発生。同県の救急医療の綻びがあらわになり、就任間もなかった荒井正吾知事は対策を急いだ。

当時は３つの公立病院に医師らが分散していた。救急の対応力を強化するため人材を拠点病院に集約し、ほかの病院は回復期や療養患者向けに切り替えた。どこに拠点病院を置くかを巡る自治体間の綱引きは激しかったが、県が資金調達に協力することで決着させた。

その後も病院の役割分担を加速するため、民間も含め地域の医療機関が互いの診療実績データを共有する「見える化」を県主導で進めている。

地域の医療と介護を一体的に整備するには、市町村よりも広域の都道府県単位のリーダーシップが欠かせない。国と地方が責任を押しつけあうのではなく、財政面の誘導策や医療機関に対する有効な手法を協力して考える時だ。

## 3 介護の脱・ハコモノ、人材育成が先決

### 老人福祉事業の倒産、過去最多に

いま高齢者サービス事業者が次々と経営破綻している。信用調査会社の東京商工リサーチの調べによると、2019年の「老人福祉・介護事業」の倒産件数（負債1000万円以上）は111件と、調査を開始した2000年以来の最多だった2017年の水準に並んだ。2016年から4年連続で100件を超えており、業界に強い逆風が吹いていることは明らかだ。

介護保険制度が始まった2000年には、先々は高齢化の進展によって介護業界は潤うと

されていた。建設業など異業種からの参入も相次ぎ、活況が続くかと思われたが、それはもはや過去の話と言っていい。

理由は単純だ。人手が足りないのである。本書では待機者が多い特別養護老人ホーム（特養）に空きベッドが多数ある実態を掘り起こしたが、要因は同じだ。介護人材を外国人で補おうという取り組みも期待された効果が出ていない。

「需給バランスを考えずに介護施設をつくりすぎていることが最大の原因だ」。東京商工リサーチの原田三寛情報部長はこう警鐘を鳴らす。介護人材を確保できないような不便な場所に老人ホームを建てる事例が目に付くが、都心でも通所介護（デイサービス）の施設が乱立し、ヘルパーの奪い合いが起きているという。原田部長は「ハコモノだけつくっても事業はうまく回らない」と強調する。

こうした状況が生まれているにもかかわらず、国や自治体は人材の量と質を底上げすることよりも、高齢者を受け入れる施設拡張に政策の重きを置き続けている。

ここにも縦割りの弊害が存在する。見回りなどサービス付き高齢者向け住宅（サ高住）は多くの物件で事実上、要介護者の受け入れ施設になっている実態があるのに自治体に登録するだけで事業を始められる。国土交通省と厚生労働省の共管制度だが、制度上は住宅なので、特養の建設計画と擦り合わせることはない。民間の有料老人ホームも原則届け出だけで済む。

特養の待機者は、並行して申し込んでいたほかの民間施設に入居し、そのまま暮らし続けるケースも多い。実態より膨らんでいる可能性がある待機者数を基にして、特養の建設計画を立てれば、ハコモノは過剰になる恐れがある。

高齢者施設に詳しい明治大学の園田真理子教授は「自治体は数だけでなく、空間的な立地状況を把握しなければならない」と指摘する。多くの介護事業計画は「何カ所必要」というだけで、どの場所に必要かという発想が欠落しているというのだ。

## 進む施設の「老い」、在宅ケアにシフトを

過剰なハコモノは目先の需給バランスを崩すだけでなく、将来的に負の遺産となるリスクがある。

東京の実情を見てみよう。２０１８年度末時点で築30年以上の特養が約１００カ所ある一方で、このうち６割で改築のメドが立たないという。分譲マンションや公共インフラと同じように、高齢者施設にも「老い」の問題が深刻になりつつある。東京都は２０１８年度末で

４万８０００人だった特養定員数を２０２５年度末に６万２０００人まで増やす計画で、特養新設の動きは続く。新設費用と改修費用が二重にかかり、公費の投入額が膨れ上がるが、いずれは高齢者人口が減少に転じ、施設そのものの需要が減っていく。税収が巨額で財政基盤が厚い東京都ならまだ持ちこたえられるかもしれないが、脆弱な自治体は息切れしてしまうだろう。

やはり、これからはできるだけ在宅医療・介護の充実に政策の重きを置き、ハコモノ建設を抑制していくべきなのではないか。在宅ケアを充実させるためには、地域を巡回する人材を十分に確保する必要がある。ハコモノ志向から脱すれば、公費を介護人材の育成や待遇改善に振り向けることができ、施設間の人材争奪もおさまるようになる。

在宅ケアは地域をいかに効率よくまわり、利用者のニーズに応えるかが重要になる。ひとつの施設内で対応するのとは異なる事業運営の難しさがある。

## ＩＴで乗り越える

こうした壁はＩＴ（情報技術）の活用で乗り越えられる。介護業界は人材配置や訪問スケジュールの管理、業務の記録に大量の紙を使っている。スマートフォンによる遠隔管理に切り替えるだけで、ヘルパーは事務所に戻らずに出先で業務報告が可能になる。AI（人工知能）を使えば、介護サービス計画（ケアプラン）作成やスケジュール管理を最大限に効率化できるはずだ。介護人材に対するIT研修を手厚くする政策が必要だろう。

さらに医療、介護、生活援助など他職種の連携が一段と必要になる。それぞれの人材は手掛けられる在宅サービスが異なる。ITで情報共有を進めれば、事業者と利用者の双方にとってメリットが大きくなるのではないか。各種センサーを用いて、利用者の病状や身体状態、生活リズムなどを把握し、利用者と双方向に連絡できるようにすれば、サービスの質と収益性を同時に高めることが可能になる。もちろん在宅ケアの利用者の安心にもつながる。

施設などハード重視の投資から、人材やITなどソフト重視の投資にカジをきれば、暗さばかりが強調される社会保障の未来像に少しは光が差すにちがいない。

**【取材・執筆者】**

吉田ありさ

前村聡

鷺森弘

藤原隆人

本田幸久

藤川衛

斉藤雄太

学頭貴子

上林由宇太

久保田昌幸

池下祐磨

島本太郎

嶋田航斗

北村光

日経プレミアシリーズ｜428

# 無駄だらけの社会保障

二〇二〇年五月八日　一刷

編者　日本経済新聞社
発行者　白石　賢
発　行　日経ＢＰ
　　　　日本経済新聞出版本部
発　売　日経ＢＰマーケティング
　　　　〒一〇五―八三〇八
　　　　東京都港区虎ノ門四―三―一二
装幀　ベターデイズ
組版　マーリンクレイン
印刷・製本　凸版印刷株式会社


ISBN 978-4-532-26428-4　Printed in Japan